CHECHENO

VOCABULÁRIO

PORTUGUÊS BRASILEIRO

PORTUGUÊS
CHECHENO

Para alargar o seu léxico e apurar
as suas competências linguísticas

3000 palavras

Vocabulário Português Brasileiro-Checheno - 3000 palavras

Por Andrey Taranov

Os vocabulários da T&P Books destinam-se a ajudar a aprender, a memorizar, e a rever palavras estrangeiras. O dicionário é dividido em temas, cobrindo todas as principais esferas de atividades quotidianas, negócios, ciência, cultura, etc.

O processo de aprendizagem, utilizando os dicionários baseados em temáticas da T&P Books dá-lhe as seguintes vantagens:

- Informação de origem corretamente agrupada predetermina o sucesso em fases subsequentes da memorização de palavras
- Disponibilização de palavras derivadas da mesma raiz, o que permite a memorização de unidades de texto (em vez de palavras separadas)
- Pequenas unidades de palavras facilitam o processo de estabelecimento de vínculos associativos necessários para a consolidação do vocabulário
- O nível de conhecimento da língua pode ser estimado pelo número de palavras aprendidas

T&P Books Publishing
www.tpbooks.com

ISBN: 978-1-78767-443-1

Este livro também está disponível em formato E-book.
Por favor visite www.tpbooks.com ou as principais livrarias on-line.

VOCABULÁRIO CHECHENO
palavras mais úteis

Os vocabulários da T&P Books destinam-se a ajudar a aprender, a memorizar, e a rever palavras estrangeiras. O vocabulário contém mais de 3000 palavras de uso comum organizadas tematicamente.

O vocabulário contém as palavras mais comummente usadas
Recomendado como adicional para qualquer curso de línguas
Satisfaz as necessidades dos iniciados e dos alunos avançados de línguas estrangeiras
Conveniente para o uso diário, sessões de revisão e atividades de auto-teste
Permite avaliar o seu vocabulário

Características especias do vocabulário

- As palavras estão organizadas de acordo com o seu significado, e não por ordem alfabética
- As palavras são apresentadas em três colunas para facilitar os processos de revisão e auto-teste
- As palavras compostas são divididas em pequenos blocos para facilitar o processo de aprendizagem
- O vocabulário oferece uma transcrição simples e adequada de cada palavra estrangeira

O vocabulário contém 101 tópicos incluindo:

Conceitos básicos, Números, Cores, Meses, Estações do ano, Unidades de medida, Roupas & Acessórios, Alimentos & Nutrição, Restaurante, Membros da Família, Parentes, Caráter, Sentimentos, Emoções, Doenças, Cidade, Passeios, Compras, Dinheiro, Casa, Lar, Escritório, Trabalho no Escritório, Importação & Exportação, Marketing, Pesquisa de Emprego, Esportes, Educação, Computador, Internet, Ferramentas, Natureza, Países, Nacionalidades e muito mais ...

TABELA DE CONTEÚDOS

GUIA DE PRONUNCIAÇÃO

Letra	Exemplo Checheno	Alfabeto fonético T&P	Exemplo Português
A a	самадала	[ɑ:]	rapaz
Аь аь	аьртадала	[æ:], [æ]	primavera
Б б	биллиард	[b]	barril
В в	ловзо кехат	[v]	fava
Г г	горгал	[g]	gosto
ГІ гІ	жиргІа	[ɣ]	agora
Д д	дІаала	[d]	dentista
Е е	кевнахо	[e], [ɛ]	mover
Ё ё	боксёр	[jɔ:], [ɜ:]	ioga
Ж ж	мужалтах	[ʒ]	talvez
З з	ловза	[z]	sésamo
И и	сирла	[ı], [i]	sinônimo
Й й	лийча	[j]	Vietnã
К к	секунд	[k]	aquilo
Кх кх	кхиорхо	[q]	teckel
Къ къ	юккъе	[q]	[q] tensionada
КІ кІ	кІайн	[k]	[k] tensionada
Л л	лаьстиг	[l]	libra
М м	Марша Іайла	[m]	magnólia
Н н	Хьанна?	[n]	natureza
О о	модельхо	[o], [ɔ]	noite
Оь оь	пхоьнгІа	[ø]	orgulhoso
П п	пхийтта	[p]	presente
ПІ пІ	пІераска	[p]	[p] tensionada
Р р	борзанан	[r]	riscar
С с	сандалеш	[s]	sanita
Т т	туьйдарг	[t]	tulipa
ТІ тІ	тІормиг	[t]	[t] tensionada
У у	тукар	[u:]	blusa
Уь уь	уьш	[y]	questionar
Ф ф	футбол	[f]	safári
Х х	хьехархо	[h]	[h] suave
Хь хь	дагахь	[h], [x]	[h] suave
ХІ хІ	хІордахо	[h]	[h] aspirada
Ц ц	мацахлера	[ts]	tsé-tsé
ЦІ цІ	цІубдар	[ts]	tsé-tsé
Ч ч	лечкъо	[tʃ]	Tchau!
ЧІ чІ	чІорІа	[tɕ]	[tch] tensionado
Ш ш	шахматаш	[ʃ]	mês
Щ щ	цергийг щётка	[ɕ]	shiatsu
ъ	къонза	[ˀ]	sinal forte

Letra	Exemplo Checheno	Alfabeto fonético T&P	Exemplo Português
ы	лыжаш хехка	[ı]	sinônimo
ь	доьзал	[ʲ]	sinal suave
Э э	эшар	[e]	metal
Ю ю	юхадала	[y]	questionar
Юь юь	юьхьенца	[ju], [juː]	nacional
Я я	цӏанъян	[jɑ]	Himalaias
Яь яь	яьшка	[jæ]	folheto
Ӏ Ӏ	Ӏамо	[ə]	milagre

ABREVIATURAS
usadas no vocabulário

Abreviaturas do Português

adj	-	adjetivo
adv	-	advérbio
anim.	-	animado
conj.	-	conjunção
desp.	-	esporte
etc.	-	Etcetera
ex.	-	por exemplo
f	-	nome feminino
f pl	-	feminino plural
fem.	-	feminino
inanim.	-	inanimado
m	-	nome masculino
m pl	-	masculino plural
m, f	-	masculino, feminino
masc.	-	masculino
mat.	-	matemática
mil.	-	militar
pl	-	plural
prep.	-	preposição
pron.	-	pronome
sb.	-	sobre
sing.	-	singular
v aux	-	verbo auxiliar
vi	-	verbo intransitivo
vi, vt	-	verbo intransitivo, transitivo
vr	-	verbo reflexivo
vt	-	verbo transitivo

CONCEITOS BÁSICOS

1. Pronomes

eu	со	[sɔ]
você	хьо	[hɔ]
ele, ela	иза	[ɪz]
nós	вай	[vɑj]
vocês	шу	[ʃu]
eles, elas	уьш	[ʉʃ]

2. Cumprimentos. Saudações

Oi!	Маршалла ду хьоьга!	[marʃall du høg]
Olá!	Маршалла ду шуьга!	[marʃall du ʃʉg]
Bom dia!	Iуьйре дика хуьлда!	['ujre dɪk hʉld]
Boa tarde!	Де дика хуьлда!	[de dɪk hʉld]
Boa noite!	Суьйре дика хуьлда!	[sʉjre dɪk hʉld]
cumprimentar (vt)	салам дала	[salam dal]
Oi!	Маршалла ду хьоьга!	[marʃall du høg]
saudação (f)	маршалла,	[marʃall],
	маршалла хаттар	[marʃall hattar]
saudar (vt)	маршалла хатта	[marʃall hatt]
Tudo bem?	Муха ду гӀуллакхш?	[muha du ɣullaqʃ]
E aí, novidades?	ХӀун ду керла?	[h'un du kerl]
Tchau! Até logo!	Марша Iайла!	[marʃ 'ajl]
Até breve!	Iодика хуьлда!	['ɔdɪk hʉljd]
Adeus! (sing.)	Iодика йойла хьа!	['ɔdɪk jojl ha]
Adeus! (pl)	Iодика йойла шунна!	['ɔdɪk jojl ʃunn]
despedir-se (dizer adeus)	Iодика ян	['ɔdɪk jan]
Até mais!	Iодика йойла!	['ɔdɪk jojl]
Obrigado! -a!	Баркалла!	[barkall]
Muito obrigado! -a!	Доаккха баркалла!	[dɔakq barkall]
De nada	ХӀума дац!	[h'um daʦ]
Não tem de quê	ХӀума дац!	[h'um daʦ]
Não foi nada!	ХӀума дац!	[h'um daʦ]
Desculpa!	Бехк ма билл!	[behk ma bɪll]
Desculpe!	Бехк ма биллалаш!	[behk ma bɪllalaʃ]
desculpar (vt)	бехк ца билла	[behk ʦa bɪll]
desculpar-se (vr)	бехк цабиллар деха	[behk ʦabɪllar deh]
Me desculpe	Суна бехк ма биллалаш!	[sun behk m bɪllalaʃ]
Desculpe!	Бехк ма биллаш!	[behk ma bɪllaʃ]

perdoar (vt)	бехк цабиллар	[behk ʦabɪllar]
Não se esqueça!	Диц ма ло!	[dɪʦ ma lɔ]
Com certeza!	Дера!	[der]
Claro que não!	Дера дац!	[der daʦ]
Está bem! De acordo!	Реза ву!	[rez vu]
Chega!	Тоьур ду!	[tøur du]

3. Questões

Quem?	Мила?	[mɪl]
O que?	ХӀун?	[h'un]
Onde?	Мичахь?	[mɪʧah]
Para onde?	Мича?	[mɪʧ]
De onde?	Мичара?	[mɪʧar]
Quando?	Маца?	[maʦ]
Para quê?	Стенна?	[stenn]
Por quê?	ХӀунда?	[h'und]

Para quê?	Стенан?	[stenan]
Como?	Муха?	[muha]
Qual (~ é o problema?)	Муьлха?	[mɨlha]
Qual (~ deles?)	Масалгӏа?	[masalɣ]

A quem?	Хьанна?	[hann]
De quem?	Хьанах лаьцна?	[hanah læʦn]
Do quê?	Стенах лаьцна?	[stenah læʦn]
Com quem?	Хьаьнца?	[hænʦ]

Quantos? -as?	Маса?	[mas]
Quanto?	Мел?	[mel]
De quem? (masc.)	Хьенан?	[henan]

4. Preposições

com (prep.)	цхьан	[ʦhan]
sem (prep.)	доцуш	[dɔʦuʃ]
a, para (exprime lugar)	чу	[ʧu]
antes de …	хьалха	[halh]
em frente de …	хьалха	[halh]

debaixo de …	кӏел	[k'el]
sobre (em cima de)	тӏехула	[t'ehul]
em …, sobre …	тӏехь	[t'eh]
em (~ 3 dias)	даьлча	[dælʧ]
por cima de …	хула	[hul]

5. Palavras funcionais. Advérbios. Parte 1

Onde?	Мичахь?	[mɪʧah]
aqui	хьоккхузахь	[hɔkquzah]

lá, ali	цигахь	[tsɪgah]
em algum lugar	цхьанхьа-м	[tshanha m]
em lugar nenhum	цхьаннахьа а	[tshannah a]
perto de …	уллехь	[ulleh]
perto da janela	кора уллехь	[kɔr ulleh]
Para onde?	Мича?	[mɪtʃ]
aqui	кхузахь	[quzah]
para lá	цига	[tsɪg]
daqui	хlоккхузара	[h'ɔkquzar]
de lá, dali	цигара	[tsɪgar]
perto	герга	[gerg]
longe	гена	[gen]
perto de …	улло	[ullɔ]
à mão, perto	юххе	[juhe]
não fica longe	гена доцу	[gen dɔtsu]
esquerdo (adj)	аьрру	[ærru]
à esquerda	аьрру арlопхьара	[ærru aɣɔrhar]
para a esquerda	аьрру арlоп	[ærru aɣɔr]
direito (adj)	аьтту	[ættu]
à direita	аьтту арlопхьара	[ættu aɣɔrhar]
para a direita	аьтту арlоп	[ættu aɣɔr]
em frente	хьалха	[halh]
da frente	хьалхара	[halhar]
adiante (para a frente)	хьалха	[halh]
atrás de …	тlехьа	[t'eh]
de trás	тlаьхьа	[t'æh]
para trás	юхо	[juho]
meio (m), metade (f)	юкъ	[juq?]
no meio	юккъе	[jukq?e]
do lado	арlоп	['aɣɔr]
em todo lugar	массанхьа	[massanh]
por todos os lados	гонаха	[gɔnah]
de dentro	чухула	[tʃuhul]
para algum lugar	цхьанхьа	[tshanh]
diretamente	нийсса дlа	[nɪ:ss d'a]
de volta	юха	[juh]
de algum lugar	миччара а	[mɪtʃar a]
de algum lugar	цхьанхьара	[tshanhar]
em primeiro lugar	цкъа-делахь	[tsq?a delah]
em segundo lugar	шолгlа-делахь	[ʃɔlɣ delah]
em terceiro lugar	кхоалгlа-делахь	[qɔalɣ delah]
de repente	цlехха	[ts'ehan]
no início	юьхьенца	[juhents]

pela primeira vez	дуьххьара	[dʉhar]
muito antes de ...	хьалххе	[halhe]
de novo	юха	[juh]
para sempre	гуттаренна	[guttarenn]

nunca	цкъа а	[tsqʔa 'a]
de novo	кхин цкъа а	[qɪn tsqʔ]
agora	хӀинца	[h'ɪnts]
frequentemente	кест-кеста	[kest kest]
então	хӀетахь	[h'etah]
urgentemente	чехка	[tʃehk]
normalmente	нехан санна	[nehan sann]

a propósito, ...	шен метта	[ʃən mett]
é possível	тарлун ду	[tarlun du]
provavelmente	хила мегаш хила	[hɪl megaʃ hɪl]
talvez	хила мега	[hɪl meg]
além disso, ...	цул совнаха, ...	[tsul sɔvnaha]
por isso ...	цундела	[tsundel]
apesar de ...	делахь а ...	[delah a ...]
graças a ...	бахьана долуш ...	[bahan dɔluʃ]

que (pron.)	хӀун	[h'un]
que (conj.)	а	['a]
algo	цхьаъ-м	[tshaʔ m]
alguma coisa	цхьа хӀума	[tsha hum]
nada	хӀумма а дац	[h'umm a dats]

quem	мила	[mɪl]
alguém (~ que ...)	цхьаъ	[tshaʔ]
alguém (com ~)	цхьаъ	[tshaʔ]

ninguém	цхьа а	[tsha a]
para lugar nenhum	цхьанхха а	[tshanh a]
de ninguém	цхьаьннан а	[tshænnan a]
de alguém	цхьаьннан	[tshænnan]

tão	иштта	[ɪʃtt]
também (gostaria ~ de ...)	санна	[sann]
também (~ eu)	а	['a]

6. Palavras funcionais. Advérbios. Parte 2

Por quê?	ХӀунда?	[h'und]
por alguma razão	цхьанна-м	[tshanna m]
porque ...	цундела	[tsundel]
por qualquer razão	цхьана хӀуманна	[tshan humann]

e (tu ~ eu)	а-а	[ə- ə]
ou (ser ~ não ser)	я	[ja]
mas (porém)	амма	[amm]

| muito, demais | дукха | [duq] |
| só, somente | бен | [ben] |

| exatamente | нийсса | [nɪːss] |
| cerca de (~ 10 kg) | герга | [gerg] |

aproximadamente	герггарчу хьесапехь	[gerggarʧu hesapeh]
aproximado (adj)	герггарчу хьесапера	[gerggarʧu hesaper]
quase	хергга	[gergg]
resto (m)	бухадиснарг	[buhadɪsnarg]

cada (adj)	хӏоp	[hˈɔr]
qualquer (adj)	муьлхха а	[mʉlha]
muito, muitos, muitas	дукха	[duq]
muitas pessoas	дуккха а	[dukq a]
todos	дерриг	[derrɪg]

em troca de ...	цхьана ... хийцина	[ʦhan hɪːʦɪn]
em troca	метта	[mett]
à mão	куьйга	[kʉjg]
pouco provável	те	[te]

provavelmente	схьахетарехь	[shahetareh]
de propósito	хуъушехь	[hyʔuʃəh]
por acidente	ларамаза	[laramaz]

muito	чӏоарла	[ʧˈɔˈaɣ]
por exemplo	масала	[masal]
entre	юккъехь	[jukqʔeh]
entre (no meio de)	юккъехь	[jukqʔeh]
especialmente	къасттина	[qʔasttɪn]

NÚMEROS. DIVERSOS

7. Números cardinais. Parte 1

zero	ноль	[nɔlj]
um	цхьаъ	[tshaʔ]
dois	шиъ	[ʃɪʔ]
três	кхоъ	[qɔʔ]
quatro	диъ	[dɪʔ]
cinco	пхиъ	[phɪʔ]
seis	ялх	[jalh]
sete	ворхl	[vɔrh']
oito	бархl	[barh']
nove	исс	[ɪss]
dez	итт	[ɪtt]
onze	цхьайтта	[tshajtt]
doze	шийтта	[ʃɪːtt]
treze	кхойтта	[qɔjtt]
catorze	дейтта	[dejtt]
quinze	пхийтта	[phɪːtt]
dezesseis	ялхитта	[jalhɪtt]
dezessete	вуьрхlитта	[vʉrh'ɪtt]
dezoito	берхlитта	[berh'ɪtt]
dezenove	ткъесна	[tqʔesn]
vinte	ткъа	[tqʔa]
vinte e um	ткъе цхьаъ	[tqʔe tshaʔ]
vinte e dois	ткъе шиъ	[tqʔe ʃɪ]
vinte e três	ткъе кхоъ	[tqʔe qɔ]
trinta	ткъе итт	[tqʔe ɪtt]
trinta e um	ткхе цхьайтта	[tqe tshajtt]
trinta e dois	ткъе шийтта	[tqʔe ʃɪːtt]
trinta e três	ткъе кхойтта	[tqʔe qɔjtt]
quarenta	шовзткъа	[ʃɔvztqʔ]
quarenta e um	шовзткъе цхьаъ	[ʃɔvztqʔe tshaʔ]
quarenta e dois	шовзткъе шиъ	[ʃɔvztqʔe ʃɪ]
quarenta e três	шовзткъе кхоъ	[ʃɔvztqʔe qɔ]
cinquenta	шовзткъе итт	[ʃɔvztqʔe ɪtt]
cinquenta e um	шовзткъе цхьайтта	[ʃɔvztqʔe tshajtt]
cinquenta e dois	шовзткъе шийтта	[ʃɔvztqʔe ʃɪːtt]
cinquenta e três	шовзткъе кхойтта	[ʃɔvztqʔe qɔjtt]
sessenta	кхузткъа	[quztqʔ]
sessenta e um	кхузткъе цхьаъ	[quztqʔe tshaʔ]

sessenta e dois	кхузткъе шиъ	[quztqʔe ʃɪʔ]
sessenta e três	кхузткъе кхоъ	[quztqʔe qɔʔ]

setenta	кхузткъа итт	[quztqʔ ɪtt]
setenta e um	кхузткъе цхьайтта	[quztqʔe tshajtt]
setenta e dois	кхузткъе шийтта	[quztqʔe ʃɪːtt]
setenta e três	кхузткъе кхойтта	[quztqʔe qɔjtt]

oitenta	дезткъа	[deztqʔ]
oitenta e um	дезткъе цхьаъ	[deztqʔe tsha?]
oitenta e dois	дезткъе шиъ	[deztqʔe ʃɪ]
oitenta e três	дезткъе кхоъ	[deztqʔe qɔ]

noventa	дезткъа итт	[deztqʔ ɪtt]
noventa e um	дезткъе цхьайтта	[deztqʔe tshajtt]
noventa e dois	дезткъе шийтта	[deztqʔe ʃɪːtt]
noventa e três	дезткъе кхойтта	[deztqʔe qɔjtt]

8. Números cardinais. Parte 2

cem	бле	[b'e]
duzentos	ши бле	[ʃɪ b'e]
trezentos	кхо бле	[qɔ b'e]
quatrocentos	диъ бле	[dɪʔ b'e]
quinhentos	пхи бле	[phɪ b'e]

seiscentos	ялх бле	[jalh b'e]
setecentos	ворхӀ бле	[vɔrh' b'e]
oitocentos	бархӀ бле	[barh' b'e]
novecentos	исс бле	[ɪss b'e]

mil	эзар	[ɛzar]
dois mil	ши эзар	[ʃɪ ɛzar]
três mil	кхо эзар	[qɔ ɛzar]
dez mil	итт эзар	[ɪtt ɛzar]
cem mil	бле эзар	[b'e 'ɛzar]
um milhão	миллион	[mɪllɪɔn]
um bilhão	миллиард	[mɪllɪard]

9. Números ordinais

primeiro (adj)	хьалхара	[halhar]
segundo (adj)	шолгӀа	[ʃɔlɣ]
terceiro (adj)	кхоалгӀа	[qɔalɣ]
quarto (adj)	доьалгӀа	[dø'alɣ]
quinto (adj)	пхоьлгӀа	[phølɣ]

sexto (adj)	йолхалгӀа	[jolhalɣ]
sétimo (adj)	ворхӀалгӀа	[vɔrh'alɣ]
oitavo (adj)	бархӀалгӀа	[barh'alɣ]
nono (adj)	уьссалгӀа	[ʉssalɣ]
décimo (adj)	итталгӀа	[ɪttalɣ]

CORES. UNIDADES DE MEDIDA

10. Cores

cor (f)	бос	[bɔs]
tom (m)	амат	[amat]
tonalidade (m)	бос	[bɔs]
arco-íris (m)	стелалад	[stela'ad]
branco (adj)	кӏайн	[k'ajn]
preto (adj)	ӏаьржа	['ærʒ]
cinza (adj)	сира	[sɪr]
verde (adj)	баьццара	[bætsar]
amarelo (adj)	можа	[mɔʒ]
vermelho (adj)	цӏен	[ts'en]
azul (adj)	сийна	[sɪːn]
azul claro (adj)	сийна	[sɪːn]
rosa (adj)	сирла-цӏен	[sɪrl ts'en]
laranja (adj)	цӏехо-можа	[ts'eho mɔʒ]
violeta (adj)	цӏехо-сийна	[ts'eho sɪːn]
marrom (adj)	боьмаша	[bømaʃ]
dourado (adj)	дашо	[daʃɔ]
prateado (adj)	детиха	[detɪh]
bege (adj)	бежеви	[beʒewɪ]
creme (adj)	беда-можа	[bed mɔʒ]
turquesa (adj)	бирюзан бос	[bɪrʉzan bɔs]
vermelho cereja (adj)	баьллийн бос	[bællɪːn bɔs]
lilás (adj)	сирла-сийна	[sɪrl sɪːn]
carmim (adj)	камарийн бос	[kamarɪːn bɔs]
claro (adj)	сирла	[sɪrl]
escuro (adj)	ӏаьржа	['ærʒ]
vivo (adj)	къегина	[q'egɪn]
de cor	бесара	[besar]
a cores	бос болу	[bɔs bɔlu]
preto e branco (adj)	кӏайн-ӏаьржа	[k'ajn 'ærʒ]
unicolor (de uma só cor)	цхьана бесара	[tshan besar]
multicolor (adj)	бес-бесара	[bes besar]

11. Unidades de medida

peso (m)	дозалла	[dɔzall]
comprimento (m)	йохалла	[johall]

largura (f)	шоралла	[ʃɔrall]
altura (f)	лакхалла	[laqall]
profundidade (f)	кӏоргалла	[k'ɔrgall]
volume (m)	дукхалла	[duqall]
área (f)	майда	[majd]

grama (m)	грамм	[gramm]
miligrama (m)	миллиграмм	[mɪllɪgramm]
quilograma (m)	килограмм	[kɪlɔgramm]
tonelada (f)	тонна	[tɔn]
libra (453,6 gramas)	герка	[gerk]
onça (f)	унци	[untsɪ]

metro (m)	метр	[metr]
milímetro (m)	миллиметр	[mɪllɪmetr]
centímetro (m)	сантиметр	[santɪmetr]
quilômetro (m)	километр	[kɪlɔmetr]
milha (f)	миля	[mɪlj]

polegada (f)	дюйм	[dujm]
pé (304,74 mm)	фут	[fut]
jarda (914,383 mm)	ярд	[jard]

| metro (m) quadrado | квадратни метр | [kvadratnɪ metr] |
| hectare (m) | гектар | [gektar] |

litro (m)	литр	[lɪtr]
grau (m)	градус	[gradus]
volt (m)	вольт	[vɔljt]
ampère (m)	ампер	[amper]
cavalo (m) de potência	говран ницкъ	[gɔvran nɪtsq?]

quantidade (f)	дукхалла	[duqall]
um pouco de ...	кӏезиг	[k'ezɪg]
metade (f)	ах	[ah]
dúzia (f)	цӏов	[ts'ɔv]
peça (f)	цхьаъ	[tsha?]

| tamanho (m), dimensão (f) | барам | [baram] |
| escala (f) | масштаб | [masʃtab] |

mínimo (adj)	уггар кӏезиг	[uggar k'ezɪg]
menor, mais pequeno	уггара кӏезигаха долу	[uggar k'ezɪgaha dɔlu]
médio (adj)	юккъера	[jukq?er]
máximo (adj)	уггар дукха	[uggar duq]
maior, mais grande	уггара дукхаха долу	[uggar duqaha dɔlu]

12. Recipientes

pote (m) de vidro	банка	[bank]
lata (~ de cerveja)	банка	[bank]
balde (m)	ведар	[wedar]
barril (m)	боьшка	[bøʃk]
bacia (~ de plástico)	тас	[tas]

tanque (m)	бак	[bɑk]
cantil (m) de bolso	фляжк	[fljɑʒk]
galão (m) de gasolina	канистр	[kɑnɪstr]
cisterna (f)	цистерна	[tsɪstern]
caneca (f)	кружка	[kruʒk]
xícara (f)	кад	[kɑd]
pires (m)	бошхап	[bɔʃhap]
copo (m)	стака	[stɑk]
taça (f) de vinho	кад	[kɑd]
panela (f)	яй	[jɑj]
garrafa (f)	шиша	[ʃɪʃ]
gargalo (m)	бертиг	[bertɪg]
jarra (f)	сурийла	[surɪːl]
jarro (m)	кӀудал	[kʼudɑl]
recipiente (m)	пхьерла	[pheɣ]
pote (m)	кхаба	[qɑb]
vaso (m)	ваза	[vɑz]
frasco (~ de perfume)	флакон	[flɑkɔn]
frasquinho (m)	шиша	[ʃɪʃ]
tubo (m)	тюбик	[tʉbɪk]
saco (ex. ~ de açúcar)	гали	[gɑlɪ]
sacola (~ plastica)	пакет	[pɑket]
maço (de cigarros, etc.)	ботт	[bott]
caixa (~ de sapatos, etc.)	гӀутакх	[ɣutɑq]
caixote (~ de madeira)	яьшка	[jæʃk]
cesto (m)	тускар	[tuskɑr]

VERBOS PRINCIPAIS

13. Os verbos mais importantes. Parte 1

abrir (vt)	схьаделла	[shadell]
acabar, terminar (vt)	чекхдаккха	[tʃeqdakq]
aconselhar (vt)	хьехам бан	[heham ban]
adivinhar (vt)	хаа	[ha'a]
advertir (vt)	дӏахьедан	[d'ahedan]
ajudar (vt)	гӏо дан	[ɣɔ dan]
almoçar (vi)	делкъана хӏума яа	[delq?an h'um ja'a]
alugar (~ um apartamento)	лаца	[lats]
amar (pessoa)	деза	[dez]
ameaçar (vt)	кхерам тийса	[qeram tɪːs]
anotar (escrever)	дӏаяздан	[d'ajazdan]
apressar-se (vr)	сихдала	[sɪhdal]
arrepender-se (vr)	дагахьбаллам хила	[dagahballam hɪl]
assinar (vt)	куьг таӏо	[kʉg ta'ɔ]
brincar (vi)	забарш ян	[zabarʃ jan]
brincar, jogar (vi, vt)	ловза	[lɔvz]
buscar (vt)	леха	[leh]
caçar (vi)	талла эха	[tall ɛh]
cair (vi)	охьаэга	[ɔhaeg]
cavar (vt)	ахка	[ahk]
chamar (~ por socorro)	кхайкха	[qajq]
chegar (vi)	дан	[dan]
chorar (vi)	делха	[delh]
começar (vt)	доло	[dɔlɔ]
comparar (vt)	дуста	[dust]
concordar (dizer "sim")	реза хила	[rez hɪl]
confiar (vt)	теша	[teʃ]
confundir (equivocar-se)	тило	[tɪlɔ]
conhecer (vt)	довза	[dɔvz]
contar (fazer contas)	лара	[lar]
contar com ...	дагахь хила	[dagah hɪl]
continuar (vt)	дахдан	[dahdan]
controlar (vt)	тӏехьажа	[t'ehaʒ]
convidar (vt)	схьакхайкха	[shaqajq]
correr (vi)	дада	[dad]
criar (vt)	кхолла	[qɔll]
custar (vt)	деха	[deh]

14. Os verbos mais importantes. Parte 2

dar (vt)	дала	[dal]
dar uma dica	къедо	[qʔedɔ]
decorar (enfeitar)	хаздан	[hazdan]
defender (vt)	лардан	[lardan]
deixar cair (vt)	охьаэго	[ɔhaeɡɔ]
descer (para baixo)	охьадан	[ɔhadan]
desculpar-se (vr)	бехк цабиллар деха	[behk tsabɪllar deh]
dirigir (~ uma empresa)	куьйгаллз дан	[kʉjɡallz dan]
discutir (notícias, etc.)	дийцаре дилла	[dɪːtsare dɪll]
disparar, atirar (vi)	кхийса	[qɪːs]
dizer (vt)	ала	[al]
duvidar (vt)	шекьхила	[ʃekʲhɪl]
encontrar (achar)	каро	[karɔ]
enganar (vt)	lexo	[ˈehɔ]
entender (vt)	кхета	[qet]
entrar (na sala, etc.)	чудахар	[tʃudahar]
enviar (uma carta)	дlадахьийта	[dˈadahɪːt]
errar (enganar-se)	гlалатдала	[ɣalatdal]
escolher (vt)	харжар	[harʒar]
esconder (vt)	дlадилла	[dˈadɪll]
escrever (vt)	яздан	[jazdan]
esperar (aguardar)	хьежа	[heʒ]
esperar (ter esperança)	догдаха	[dɔɡdah]
esquecer (vt)	дицдала	[dɪtsdal]
estudar (vt)	lамо	[ˈamɔ]
exigir (vt)	тlедожо	[tʼedɔʒɔ]
existir (vi)	хила	[hɪl]
explicar (vt)	кхето	[qetɔ]
falar (vi)	мотт бийца	[mɔtt bɪːts]
faltar (a la escuela, etc.)	юкъахдита	[juqʔahdɪt]
fazer (vt)	дан	[dan]
ficar em silêncio	къамел ца дан	[qʔamel ts dan]
gabar-se (vr)	куралла ян	[kurall jan]
gostar (apreciar)	хазахета	[hazahet]
gritar (vi)	мохь бетта	[mɔh bett]
guardar (fotos, etc.)	лардан	[lardan]
informar (vt)	информаци ян, хаам бан	[ɪnfɔrmatsɪ jan], [haˈam ban]
insistir (vi)	тlера ца вала	[tʼer tsa val]
insultar (vt)	сий дайа	[sɪː daj]
interessar-se (vr)	довза лаа	[dɔvz laˈa]
ir (a pé)	даха	[dah]
ir nadar	лийча	[lɪːtʃ]
jantar (vi)	пхьор дан	[phɔr dan]

15. Os verbos mais importantes. Parte 3

ler (vt)	еша	[eʃ]
libertar, liberar (vt)	мукъадаккха	[muqʔadakq]
matar (vt)	ден	[den]
mencionar (vt)	хьахо	[haho]
mostrar (vt)	гайта	[gajt]
mudar (modificar)	хийца	[hɪːʦ]
nadar (vi)	нека дан	[nek dan]
negar-se a … (vr)	дуьхьал хила	[duhal hɪl]
objetar (vt)	дуьхьал хила	[duhal hɪl]
observar (vt)	тергам бан	[tergam ban]
ordenar (mil.)	омра дан	[ɔmr dan]
ouvir (vt)	хаза	[haz]
pagar (vt)	ахча дала	[ahʧ dal]
parar (vi)	саца	[saʦ]
parar, cessar (vt)	дӀасацо	[d'asaʦɔ]
participar (vi)	дакъа лаца	[daqʔ laʦ]
pedir (comida, etc.)	заказ ян	[zakaz jan]
pedir (um favor, etc.)	деха	[deh]
pegar (tomar)	схьаэца	[shaeʦ]
pegar (uma bola)	леца	[leʦ]
pensar (vi, vt)	ойла ян	[ɔjl jan]
perceber (ver)	ган	[gan]
perdoar (vt)	геч дан	[geʧ dan]
perguntar (vt)	хатта	[hatt]
permitir (vt)	магийта	[magɪːt]
pertencer a … (vi)	хила	[hɪl]
planejar (vt)	план хӀотто	[plan h'ɔttɔ]
poder (~ fazer algo)	мага	[mag]
possuir (uma casa, etc.)	хила	[hɪl]
preferir (vt)	гӀоли хета	[ɣɔlɪ het]
preparar (vt)	кечдан	[keʧdan]
prever (vt)	хиндерг хаа	[hɪnderg ha'a]
prometer (vt)	вaӀда дан	[va'd dan]
pronunciar (vt)	ала	[al]
propor (vt)	хьахо	[haho]
punir (castigar)	тӀаӀзар дан	[ta'zar dan]
quebrar (vt)	кегдан	[kegdan]
queixar-se de …	латкъа	[latqʔ]
querer (desejar)	лаа	[la'a]

16. Os verbos mais importantes. Parte 4

ralhar, repreender (vt)	дов дан	[dɔv dan]
recomendar (vt)	мага дан	[mag dan]

repetir (dizer outra vez)	юхаала	[juha'al]
reservar (~ um quarto)	резервировать ян	[rezerwɪrɔvatʲ jan]
responder (vt)	жоп дала	[ʒɔp dal]
rezar, orar (vi)	ламаз дан	[lamaz dan]
rir (vi)	дела	[del]
roubar (vt)	лечкъо	[letʃqʔɔ]
saber (vt)	хаа	[ha'a]
sair (~ de casa)	арадалар	[aradalar]
salvar (resgatar)	кӏелхьардаккха	[k'elhardakq]
seguir (~ alguém)	тӏаьхьадаха	[t'æhadah]
sentar-se (vr)	охьахаа	[ɔhaha'a]
ser necessário	оьшуш хила	[øʃuʃ hɪl]
ser, estar	хила	[hɪl]
significar (vt)	маьӏна хила	[mæ'n hɪl]
sorrir (vi)	дела къежа	[del qʔeʒ]
subestimar (vt)	ма-дарра ца лара	[ma darr tsa lar]
surpreender-se (vr)	цецдала	[tsetsdal]
tentar (~ fazer)	хьажа	[haʒ]
ter (vt)	хила	[hɪl]
ter fome	хӏума яаа лаа	[h'um ja'a la'a]
ter medo	кхера	[qer]
ter sede	мала лаа	[mal la'a]
tocar (com as mãos)	куьг тоха	[kʉg tɔh]
tomar café da manhã	марта даа	[mart da'a]
trabalhar (vi)	болх бан	[bɔlh ban]
traduzir (vt)	талмажалла дан	[talmaʒall dan]
unir (vt)	цхьанатоха	[tshænatɔh]
vender (vt)	дохка	[dɔhk]
ver (vt)	ган	[gan]
virar (~ para a direita)	дӏадерза	[d'aderz]
voar (vi)	лела	[lel]

TEMPO. CALENDÁRIO

17. Dias da semana

segunda-feira (f)	оршот	[ɔrʃɔt]
terça-feira (f)	шинара	[ʃɪnɑr]
quarta-feira (f)	кхаара	[qɑ'ɑr]
quinta-feira (f)	еара	[eɑr]
sexta-feira (f)	пᴵераска	[p'erɑsk]
sábado (m)	шот	[ʃɔt]
domingo (m)	кᴵиранде	[k'ɪrɑnde]

hoje	тахана	[tɑhan]
amanhã	кхана	[qɑn]
depois de amanhã	лама	[lɑm]
ontem	селхана	[selhan]
anteontem	стомара	[stɔmɑr]

dia (m)	де	[de]
dia (m) de trabalho	белхан де	[belhan de]
feriado (m)	деза де	[dez de]
dia (m) de folga	мукъа де	[muq? de]
fim (m) de semana	мукъа денош	[muq? denɔʃ]

o dia todo	деррига де	[derrɪg de]
no dia seguinte	шолгᴵачу дийнахь	[ʃɔlɣatʃu dɪːnah]
há dois dias	ши де хьалха	[ʃɪ de halh]
na véspera	де хьалха	[de halh]
diário (adj)	хᴵор денна хуьлу	[h'ɔr denn hulu]
todos os dias	хᴵор денна хуьлу	[h'ɔr denn hulu]

semana (f)	кᴵира	[k'ɪr]
na semana passada	дᴵадаханчу кᴵирнахь	[d'adahantʃu k'ɪrnah]
semana que vem	тᴵедогᴵучу кᴵирнахь	[t'edɔɣutʃu k'ɪrnah]
semanal (adj)	хᴵор кᴵиранан	[h'ɔr k'ɪranan]
toda semana	хᴵор кᴵирна	[h'ɔr k'ɪrn]
duas vezes por semana	кᴵирнахь шозза	[k'ɪrnah ʃɔzz]
toda terça-feira	хᴵор шинара	[h'ɔr ʃɪnɑr]

18. Horas. Dia e noite

manhã (f)	Ⅰуьйре	['ʉjre]
de manhã	Ⅰуьйранна	['ʉjrann]
meio-dia (m)	делкъе	[delq?e]
à tarde	делкъан тᴵаьхьа	[delq?an t'æh]

tardinha (f)	суьйре	[sʉjre]
à tardinha	сарахь	[sɑrah]

noite (f)	буьса	[bʉs]
à noite	буса	[bus]
meia-noite (f)	буьйсанан юкъ	[bʉjsanan juq?]

segundo (m)	секунд	[sekund]
minuto (m)	минот	[mɪnɔt]
hora (f)	сахьт	[saht]
meia hora (f)	ахсахьт	[ahsaht]
quarto (m) de hora	сахьтах пхийтта	[sahtah phɪːtt]
quinze minutos	15 минот	[phɪːtt mɪnɔt]
vinte e quatro horas	де-буьйса	[de bʉjs]

nascer (m) do sol	малх схьакхетар	[malh shaqetar]
amanhecer (m)	сатасар	[satasar]
madrugada (f)	Iуьйранна хьалхехь	['ʉjrann halheh]
pôr-do-sol (m)	чубузар	[ʧubuzar]

de madrugada	Iуьйранна хьалхе	['ʉjrann halhe]
esta manhã	тахан Iуьйранна	[tahan 'ʉjrann]
amanhã de manhã	кхана Iуьйранна	[qan 'ʉjrann]

esta tarde	тахана дийнахь	[tahan dɪːnah]
à tarde	делкъан тIаьхьа	[delq?an t'æh]
amanhã à tarde	кхана делкъан тIаьхьа	[qan delq?an t'æh]

| esta noite, hoje à noite | тахана суьйранна | [tahan sʉjrann] |
| amanhã à noite | кхана суьйранна | [qan sʉjrann] |

às três horas em ponto	нийсса кхоъ сахьт даьлча	[nɪːss qø? saht dæltʃ]
por volta das quatro	диъ сахьт гергга	[dɪ? saht gergg]
às doze	шийтта сахьт долаж	[ʃɪːtt saht dɔlaʒ]

em vinte minutos	ткъа минот яьлча	[tq? mɪnɔt jæltʃ]
em uma hora	цхьа сахьт даьлча	[tsha saht dæltʃ]
a tempo	шен хеннахь	[ʃən hennah]

... um quarto para	сахьтах пхийтта яьлча	[sahtah phɪːtt jæltʃ]
dentro de uma hora	сахьт даллалц	[saht dallalts]
a cada quinze minutos	хIор пхийтта минот	[h'ɔr phɪːtt mɪnɔt]
as vinte e quatro horas	дуьззина де-буьйса	[dʉzzɪn de bʉjs]

19. Meses. Estações

janeiro (m)	январь	[janvarʲ]
fevereiro (m)	февраль	[fevralj]
março (m)	март	[mart]
abril (m)	апрель	[aprelj]
maio (m)	май	[maj]
junho (m)	июнь	[ɪjunj]

julho (m)	июль	[ɪʉlj]
agosto (m)	август	[avgust]
setembro (m)	сентябрь	[sentʲabrʲ]
outubro (m)	октябрь	[ɔktʲabrʲ]

| novembro (m) | ноябрь | [nɔjabrʲ] |
| dezembro (m) | декабрь | [dekabrʲ] |

primavera (f)	бӏаьсте	[bʼæste]
na primavera	бӏаьста	[bʼæst]
primaveril (adj)	бӏаьстенан	[bʼæstenan]

verão (m)	аьхке	[æhke]
no verão	аьхка	[æhk]
de verão	аьхкенан	[æhkenan]

outono (m)	гуьйре	[gɥjre]
no outono	гурахь	[gurah]
outonal (adj)	гуьйренан	[gɥjrenan]

inverno (m)	Ia	[ˈa]
no inverno	Iай	[ˈaj]
de inverno	Iаьнан	[ˈænan]

mês (m)	бутт	[butt]
este mês	кху баттахь	[qu battah]
mês que vem	тӏебоӏгӏу баттахь	[tʼebɔɣu battah]
no mês passado	байна баттахь	[bajn battah]

um mês atrás	цхьа бутт хьалха	[tsha butt halh]
em um mês	цхьа бутт баьлча	[tsha butt bæltʃ]
em dois meses	ши бутт баьлча	[ʃi butt bæltʃ]
todo o mês	беррига бутт	[berrɪg butt]
um mês inteiro	дийнна бутт	[dɪːnn butt]

mensal (adj)	хӏор беттан	[hʼɔr bettan]
mensalmente	хӏор баттахь	[hʼɔr battah]
todo mês	хӏор бутт	[hʼɔr butt]
duas vezes por mês	баттахь 2	[battah ʃɔzz]

ano (m)	шо	[ʃɔ]
este ano	кхушара	[quʃar]
ano que vem	тӏедогӏучу шарахь	[tʼedɔɣutʃu ʃarah]
no ano passado	стохка	[stɔhk]

há um ano	шо хьалха	[ʃɔ halh]
em um ano	шо даьлча	[ʃɔ dæltʃ]
dentro de dois anos	ши шо даьлча	[ʃi ʃɔ dæltʃ]
todo o ano	деррига шо	[derrɪg ʃɔ]
um ano inteiro	дийнна шо	[dɪːnn ʃɔ]

cada ano	хӏор шо	[hʼɔr ʃɔ]
anual (adj)	хӏор шеран	[hʼɔr ʃeran]
anualmente	хӏор шарахь	[hʼɔr ʃarah]
quatro vezes por ano	шарахь 4	[ʃarah døazz]

data (~ de hoje)	де	[de]
data (ex. ~ de nascimento)	терахь	[terah]
calendário (m)	календарь	[kalendarʲ]
meio ano	ахшо	[ahʃɔ]
seis meses	ахшо	[ahʃɔ]

estação (f)	зам	[zɑm]
século (m)	оьмар	[ømɑr]

VIAGENS. HOTEL

20. Viagens

turismo (m)	туризм	[turɪzm]
turista (m)	турист	[turɪst]
viagem (f)	араваьлла лелар	[aravæll lelar]
aventura (f)	хилларг	[hɪllarg]
percurso (curta viagem)	дахар	[dahar]
férias (f pl)	отпуск	[ɔtpusk]
estar de férias	отпускехь хилар	[ɔtpuskeh hɪlar]
descanso (m)	садаlар	[sada'ar]
trem (m)	цIерпошт	[ts'erpɔʃt]
de trem (chegar ~)	цIерпоштахь	[ts'erpɔʃtah]
avião (m)	кема	[kem]
de avião	кеманца	[kemants]
de carro	машина тIехь	[maʃɪn t'eh]
de navio	кеманца	[kemants]
bagagem (f)	кира	[kɪr]
mala (f)	чамда	[ʧamd]
carrinho (m)	киран гIудакх	[kɪran ɣudaq]
passaporte (m)	паспорт	[paspɔrt]
visto (m)	виза	[wɪz]
passagem (f)	билет	[bɪlet]
passagem (f) aérea	авиабилет	[awɪabɪlet]
guia (m) de viagem	некъгойтург	[neq?gɔjturg]
mapa (m)	карта	[kart]
área (f)	меттиг	[mettɪg]
lugar (m)	меттиг	[mettɪg]
exotismo (m)	экзотика	[ɛkzɔtɪk]
exótico (adj)	экзотикин	[ɛkzɔtɪkɪn]
surpreendente (adj)	тамашена	[tamaʃən]
grupo (m)	группа	[grupp]
excursão (f)	экскурси	[ɛkskursɪ]
guia (m)	экскурсилелорхо	[ɛkskursɪlelɔrhɔ]

21. Hotel

hotel (m)	хьешийн цIа	[heʃɪ:n ts'a]
motel (m)	мотель	[mɔtelj]
três estrelas	кхо седа	[qø sed]

| cinco estrelas | пхи седа | [phɪ sed] |
| ficar (vi, vt) | саца | [sɑts] |

quarto (m)	номер	[nɔmer]
quarto (m) individual	цхьа меттиг йолу номер	[tshɑ mettɪg jolu nɔmer]
quarto (m) duplo	шиъ меттиг йолу номер	[ʃɪʔ mettɪg jolu nɔmer]
reservar um quarto	номер бронь ян	[nɔmer brɔnj jan]

| meia pensão (f) | полупансион | [polupɑnsɪɔn] |
| pensão (f) completa | йиззина пансион | [jɪzzɪn pɑnsɪɔn] |

com banheira	ваннер	[vɑnner]
com chuveiro	душер	[duʃər]
televisão (m) por satélite	спутникови телевидени	[sputnɪkɔwɪ telewɪdenɪ]
ar (m) condicionado	кондиционер	[kondɪtsɪɔner]
toalha (f)	гата	[gɑt]
chave (f)	догⅠа	[dɔɣ]

administrador (m)	администратор	[admɪnɪstrɑtɔr]
camareira (f)	хⅠусамча	[h'usɑmtʃ]
bagageiro (m)	киранхо	[kɪrɑnho]
porteiro (m)	портье	[pɔrtje]

restaurante (m)	ресторан	[restɔrɑn]
bar (m)	бар	[bɑr]
café (m) da manhã	марта	[mɑrt]
jantar (m)	пхьор	[phɔr]
bufê (m)	шведийн стоьл	[ʃwedɪːn støl]

| saguão (m) | вестибюль | [westɪbʉlj] |
| elevador (m) | лифт | [lɪft] |

| NÃO PERTURBE | МА ХЬЕВЕ | [mɑ hewe] |
| PROIBIDO FUMAR! | ЦИГАЬРКА ОЗА МЕГАШ ДАЦ! | [tsɪgærk ɔz megaʃ dats] |

22. Turismo

monumento (m)	хⅠоллам	[h'ɔllɑm]
fortaleza (f)	гⅠап	[ɣɑp]
palácio (m)	гⅠала	[ɣɑl]
castelo (m)	гⅠала	[ɣɑl]
torre (f)	бⅠов	[b'ɔv]
mausoléu (m)	мавзолей	[mɑvzɔlej]

arquitetura (f)	архитектура	[arhɪtektur]
medieval (adj)	юккъерчу бⅠешерийн	[jukqʔertʃu b'eʃerɪːn]
antigo (adj)	тамашена	[tamaʃən]
nacional (adj)	къаьмнийн	[qʔæmnɪːn]
famoso, conhecido (adj)	гⅠарадаьлла	[ɣaradæll]

turista (m)	турист	[turɪst]
guia (pessoa)	гид	[gɪd]
excursão (f)	экскурси	[ɛkskursɪ]

mostrar (vt)	гайта	[gajt]
contar (vt)	дийца	[dɪ:ʦ]
encontrar (vt)	каро	[karɔ]
perder-se (vr)	дан	[dan]
mapa (~ do metrô)	схема	[shem]
mapa (~ da cidade)	план	[plan]
lembrança (f), presente (m)	совгӀат	[sɔvɣat]
loja (f) de presentes	совгӀатан туька	[sɔvɣatan tʉk]
tirar fotos, fotografar	сурт даккха	[surt dakq]
fotografar-se (vr)	сурт даккхийта	[surt dakqɪ:t]

TRANSPORTES

23. Aeroporto

aeroporto (m)	аэропорт	[aərɔpɔrt]
avião (m)	кема	[kem]
companhia (f) aérea	авиакомпани	[awɪakɔmpanɪ]
controlador (m) de tráfego aéreo	диспетчер	[dɪspetʃer]
partida (f)	дӀадахар	[d'adahar]
chegada (f)	схьакхачар	[shaqatʃar]
chegar (vi)	схьакхача	[shaqatʃ]
hora (f) de partida	гӀовтаран хан	[ɣɔvtaran han]
hora (f) de chegada	схьакхачаран хан	[shaqatʃaran han]
estar atrasado	хьедала	[hedal]
atraso (m) de voo	хьедар	[hedar]
painel (m) de informação	хаамийн табло	[ha:mɪ:n tablɔ]
informação (f)	хаам	[ha'am]
anunciar (vt)	кхайкхо	[qajqɔ]
voo (m)	рейс	[rejs]
alfândega (f)	таможни	[tamɔʒnɪ]
funcionário (m) da alfândega	таможхо	[tamɔʒho]
declaração (f) alfandegária	декларации	[deklaratsɪ]
preencher a declaração	декларации язъян	[deklaratsɪ jaz?jan]
controle (m) de passaporte	пастпортан контроль	[pastpɔrtan kɔntrɔlj]
bagagem (f)	кира	[kɪr]
bagagem (f) de mão	куьйга леладен кира	[kʉjg leladen kɪr]
carrinho (m)	гӀудалкх	[ɣudalq]
pouso (m)	охьахаар	[ɔhaha'ar]
pista (f) de pouso	охьахааден аса	[ɔhaha'aden as]
aterrissar (vi)	охьахаа	[ɔhaha'a]
escada (f) de avião	лами	[lamɪ]
check-in (m)	регистрации	[regɪstratsɪ]
balcão (m) do check-in	регистрацин гӀопаста	[regɪstratsɪn ɣɔpast]
fazer o check-in	регистрации ян	[regɪstratsɪ jan]
cartão (m) de embarque	тӀехааден талон	[t'eha'aden talɔn]
portão (m) de embarque	арадалар	[aradalar]
trânsito (m)	транзит	[tranzɪt]
esperar (vi, vt)	хьежа	[heʒ]
sala (f) de espera	хьежаран зал	[heʒaran zal]

| despedir-se (acompanhar) | новкъадаккха | [nɔvqʔadakq] |
| despedir-se (dizer adeus) | Іодика ян | [ˈɔdɪk jan] |

24. Avião

avião (m)	кема	[kem]
passagem (f) aérea	авиабилет	[awɪabɪlet]
companhia (f) aérea	авиакомпани	[awɪakɔmpanɪ]
aeroporto (m)	аэропорт	[aərɔpɔrt]
supersônico (adj)	озал тІехь	[ɔzal tʼeh]

comandante (m) do avião	кеман командир	[keman kɔmandɪr]
tripulação (f)	экипаж	[ɛkɪpaʒ]
piloto (m)	кеманхо	[kemanho]
aeromoça (f)	стюардесса	[stʉardess]
copiloto (m)	штурман	[ʃturman]

asas (f pl)	тІемаш	[tʼemaʃ]
cauda (f)	цІога	[ʦʼɔg]
cabine (f)	кабина	[kabɪn]
motor (m)	двигатель	[dwɪgatelj]
trem (m) de pouso	шасси	[ʃassɪ]
turbina (f)	бера	[ber]
hélice (f)	бера	[ber]
caixa-preta (f)	Іаьржа яьшка	[ˈærʒ jæʃk]
coluna (f) de controle	штурвал	[ʃturval]
combustível (m)	ягорг	[jagɔrg]

instruções (f pl) de segurança	инструкци	[ɪnstrukʦɪ]
máscara (f) de oxigênio	кислородан маска	[kɪslɔrɔdan mask]
uniforme (m)	униформа	[unɪfɔrm]
colete (m) salva-vidas	кІелхьарвоккху жилет	[kʼelharvɔkqu ʒɪlet]
paraquedas (m)	четар	[ʧetar]
decolagem (f)	хьалагІаттар	[halaɣattar]
descolar (vi)	хьалагІатта	[halaɣatt]
pista (f) de decolagem	хьалагІотту аса	[halaɣɔttu as]

visibilidade (f)	гуш хилар	[guʃ hɪlar]
voo (m)	дахар	[dahar]
altura (f)	лакхалла	[laqall]
poço (m) de ar	хІаваъан ор	[hˈavaʔan ɔr]

assento (m)	меттиг	[mettɪg]
fone (m) de ouvido	ладугІургаш	[laduɣurgaʃ]
mesa (f) retrátil	цхьалха стол	[ʦhalha stɔl]
janela (f)	иллюминатор	[ɪllʉmɪnatɔr]
corredor (m)	чекхдолийла	[ʧeqdɔlɪːl]

25. Comboio

| trem (m) | цІерпошт | [ʦʼerpɔʃt] |
| trem (m) elétrico | электричка | [ɛlektrɪʧk] |

trem (m)	чехка цӏерпошт	[tʃehk ts'erpɔʃt]
locomotiva (f) diesel	тепловоз	[teplɔvɔz]
locomotiva (f) a vapor	цӏермашен	[ts'ermaʃən]
vagão (f) de passageiros	вагон	[vagɔn]
vagão-restaurante (m)	вагон-ресторан	[vagɔn restɔran]
carris (m pl)	рельсаш	[reljsaʃ]
estrada (f) de ferro	аьчка некъ	['ætʃk neq?]
travessa (f)	шпала	[ʃpal]
plataforma (f)	платформа	[platfɔrm]
linha (f)	некъ	[neq?]
semáforo (m)	семафор	[semafɔr]
estação (f)	станци	[stantsɪ]
maquinista (m)	машинхо	[maʃɪnho]
bagageiro (m)	киранхо	[kɪranho]
hospedeiro, -a (m, f)	проводник	[prɔvɔdnɪk]
passageiro (m)	пассажир	[passaʒɪr]
revisor (m)	контролёр	[kɔntrɔlʲor]
corredor (m)	уче	[utʃe]
freio (m) de emergência	стоп-кран	[stɔp kran]
compartimento (m)	купе	[kupe]
cama (f)	терхи	[terhɪ]
cama (f) de cima	лакхара терхи	[laqar terhɪ]
cama (f) de baixo	лахара терхи	[lahar terhɪ]
roupa (f) de cama	меттан лоччарш	[mettan lɔtʃarʃ]
passagem (f)	билет	[bɪlet]
horário (m)	расписани	[raspɪsanɪ]
painel (m) de informação	хаамийн у	[ha:mɪ:n u]
partir (vt)	дӏадаха	[d'adah]
partida (f)	дӏадахар	[d'adahar]
chegar (vi)	схьакхача	[shaqatʃ]
chegada (f)	схьакхачар	[shaqatʃar]
chegar de trem	цӏерпоштахь ван	[ts'erpɔʃtah van]
pegar o trem	цӏерпошта тӏе хаа	[ts'erpɔʃt t'e ha'a]
descer de trem	цӏерпошта тӏепа охьадосса	[ts'erpɔʃt t'er ɔhadɔss]
acidente (m) ferroviário	харцар	[hartsar]
locomotiva (f) a vapor	цӏермашен	[ts'ermaʃən]
foguista (m)	кочегар	[kɔtʃegar]
fornalha (f)	дагор	[dagɔr]
carvão (m)	кӏора	[k'ɔr]

26. Barco

navio (m)	кема	[kem]
embarcação (f)	кема	[kem]

barco (m) a vapor	цӏеркема	[ts'erkem]
barco (m) fluvial	теплоход	[teplɔhod]
transatlântico (m)	лайнер	[lajner]
cruzeiro (m)	крейсер	[krejser]
iate (m)	яхта	[jaht]
rebocador (m)	буксир	[buksɪr]
barcaça (f)	баржа	[barʒ]
ferry (m)	бурам	[buram]
veleiro (m)	гатанан кема	[gatanan kem]
bergantim (m)	бригантина	[brɪgantɪn]
quebra-gelo (m)	ша-кема	[ʃa kem]
submarino (m)	хи бухахула лела кема	[hɪ buhahul lel kem]
bote, barco (m)	кема	[kem]
baleeira (bote salva-vidas)	шлюпка	[ʃlupk]
bote (m) salva-vidas	кӏелхьарвоккху шлюпка	[k'elharvɔkqu ʃlupk]
lancha (f)	катер	[kater]
capitão (m)	капитан	[kapɪtan]
marinheiro (m)	хӏордахо	[h'ɔrdaho]
marujo (m)	хӏордахо	[h'ɔrdaho]
tripulação (f)	экипаж	[ɛkɪpaʒ]
contramestre (m)	боцман	[bɔtsman]
grumete (m)	юнга	[jung]
cozinheiro (m) de bordo	кок	[kɔk]
médico (m) de bordo	хи кеман лор	[hɪ keman lɔr]
convés (m)	палуба	[palub]
mastro (m)	мачта	[matʃt]
vela (f)	гата	[gat]
porão (m)	трюм	[trum]
proa (f)	кеман мара	[keman mar]
popa (f)	кеман цӏога	[keman ts'ɔg]
remo (m)	пийсиг	[pɪːsɪg]
hélice (f)	винт	[wɪnt]
cabine (m)	каюта	[kajut]
sala (f) dos oficiais	кают-компани	[kajut kɔmpanɪ]
sala (f) das máquinas	машинийн отделени	[maʃɪnɪːn ɔtdelenɪ]
ponte (m) de comando	капитанан тӏай	[kapɪtanan t'aj]
sala (f) de comunicações	радиотрубка	[radɪɔtrubk]
onda (f)	тулгӏе	[tulɣe]
diário (m) de bordo	кеман журнал	[keman ʒurnal]
luneta (f)	турмал	[turmal]
sino (m)	горгал	[gɔrgal]
bandeira (f)	байракх	[bajraq]
cabo (m)	муш	[muʃ]
nó (m)	шад	[ʃad]
corrimão (m)	тӏам	[t'am]

prancha (f) de embarque	лами	[lamɪ]
âncora (f)	якорь	[jakɔrʲ]
recolher a âncora	якорь хьалаайа	[jakɔrʲ halaʼaj]
jogar a âncora	якорь кхосса	[jakɔrʲ qɔss]
amarra (corrente de âncora)	якоран зӀе	[jakɔran zʼe]

porto (m)	порт	[pɔrt]
cais, amarradouro (m)	дӀатосийла	[dʼatɔsɪːl]
atracar (vi)	йистедало	[jɪstedalɔ]
desatracar (vi)	дӀадаха	[dʼadah]

viagem (f)	араваьлла лелар	[aravæll lelar]
cruzeiro (m)	круиз	[kruɪz]
rumo (m)	курс	[kurs]
itinerário (m)	маршрут	[marʃrut]

canal (m) de navegação	фарватер	[farvater]
banco (m) de areia	гомхалла	[gɔmhall]
encalhar (vt)	гӀамарла даха	[ɣamarl dah]

tempestade (f)	дарц	[darʦ]
sinal (m)	сигнал	[sɪgnal]
afundar-se (vr)	бухадаха	[buhadah]
SOS	SOS	[sɔs]
boia (f) salva-vidas	кӀелхьарвоккху го	[kʼelharvɔkqu gɔ]

CIDADE

27. Transportes urbanos

ônibus (m)	**автобус**	[avtɔbus]
bonde (m) elétrico	**трамвай**	[tramvaj]
trólebus (m)	**троллейбус**	[trɔllejbus]
rota (f), itinerário (m)	**маршрут**	[marʃrut]
número (m)	**номер**	[nɔmer]
ir de ... (carro, etc.)	**даха**	[dah]
entrar no ...	**тlехаа**	[t'eha'a]
descer do ...	**охьадосса**	[ɔhadɔss]
parada (f)	**социйла**	[sɔʦɪ:l]
próxima parada (f)	**рогlера социйла**	[rɔɣer sɔʦɪ:l]
terminal (m)	**тlаьххьара социйла**	[t'æhar sɔʦɪ:l]
horário (m)	**расписани**	[raspɪsanɪ]
esperar (vt)	**хьежа**	[heʒ]
passagem (f)	**билет**	[bɪlet]
tarifa (f)	**билетан мах**	[bɪletan mah]
bilheteiro (m)	**кассир**	[kassɪr]
controle (m) de passagens	**контроль**	[kɔntrɔlj]
revisor (m)	**контролёр**	[kɔntrɔlʲor]
atrasar-se (vr)	**тlаьхьадиса**	[t'æhadɪs]
perder (o autocarro, etc.)	**тlаьхьадиса**	[t'æhadɪs]
estar com pressa	**сихадала**	[sɪhadal]
táxi (m)	**такси**	[taksɪ]
taxista (m)	**таксист**	[taksɪst]
de táxi (ir ~)	**таксин тlехь**	[taksɪn t'eh]
ponto (m) de táxis	**такси дlахlоттайойла**	[taksɪ d'ah'ɔttajojl]
chamar um táxi	**таксига кхайкха**	[taksɪg qajq]
pegar um táxi	**такси лаца**	[taksɪ laʦ]
tráfego (m)	**урамашкахула лелар**	[uramaʃkahul lelar]
engarrafamento (m)	**дlадукъар**	[d'aduqʔar]
horas (f pl) de pico	**юкъъелла хан**	[juqʔell han]
estacionar (vi)	**машина дlахlоттар**	[maʃɪn d'ah'ɔttar]
estacionar (vt)	**машина дlахlотто**	[maʃɪn d'ah'ɔttɔ]
parque (m) de estacionamento	**дlахlоттайойла**	[d'ah'ɔttajojl]
metrô (m)	**метро**	[metrɔ]
estação (f)	**станци**	[stanʦɪ]
ir de metrô	**метрохь ваха**	[metrɔh vah']
trem (m)	**цlерпошт**	[ʦ'erpɔʃt]
estação (f) de trem	**вокзал**	[vɔkzal]

28. Cidade. Vida na cidade

cidade (f)	гӀала	[ɣal]
capital (f)	нана-гӀала	[nan ɣal]
aldeia (f)	юрт	[jurt]

mapa (m) da cidade	гӀалин план	[ɣalɪn plan]
centro (m) da cidade	гӀалин юкъ	[ɣalɪn juqʔ]
subúrbio (m)	гӀалин йист	[ɣalɪn jɪst]
suburbano (adj)	гӀалин йистера	[ɣalɪn jɪster]

periferia (f)	гӀалин йист	[ɣalɪn jɪst]
arredores (m pl)	гӀалин гонахе	[ɣalɪn gonahe]
quarteirão (m)	квартал	[kvartal]
quarteirão (m) residencial	нах беха квартал	[nah beha kvartal]

tráfego (m)	лелар	[lelar]
semáforo (m)	светофор	[swetofor]
transporte (m) público	гӀалара транспорт	[ɣalar transpɔrt]
cruzamento (m)	галморзе	[galmɔrze]

faixa (f)	галморзе	[galmɔrze]
túnel (m) subterrâneo	лаьттан бухара дехьаволийла	[lættan buhar dehavɔlɪːl]
cruzar, atravessar (vt)	дехьа вала	[deh val]
pedestre (m)	гӀашло	[ɣaʃlo]
calçada (f)	тротуар	[trɔtuar]

ponte (f)	тӀай	[tʼaj]
margem (f) do rio	хийист	[hɪːɪst]
fonte (f)	фонтан	[fontan]

alameda (f)	аллей	[allej]
parque (m)	беш	[beʃ]
bulevar (m)	бульвар	[buljvar]
praça (f)	майда	[majd]
avenida (f)	проспект	[prɔspekt]
rua (f)	урам	[uram]
travessa (f)	урамалг	[uramalg]
beco (m) sem saída	кӀажбухе	[kʼaʒbuhe]

casa (f)	цӀа	[ʦʼa]
edifício, prédio (m)	гӀишло	[ɣɪʃlo]
arranha-céu (m)	стигал-бохь	[stɪgal bɔh]

fachada (f)	хьалхе	[halhe]
telhado (m)	тхов	[thov]
janela (f)	кор	[kɔr]
arco (m)	нартол	[nartɔl]
coluna (f)	колонна	[kɔlɔn]
esquina (f)	маьӀиг	[mæʼɪg]

vitrine (f)	витрина	[wɪtrɪn]
letreiro (m)	гойтург	[gojturg]
cartaz (do filme, etc.)	афиша	[afɪʃ]

| cartaz (m) publicitário | рекламан плакат | [reklaman plakat] |
| painel (m) publicitário | рекламан у | [reklaman u] |

lixo (m)	нехаш	[nehaʃ]
lata (f) de lixo	урна	[urn]
jogar lixo na rua	нехаш яржо	[nehaʃ jarʒɔ]
aterro (m) sanitário	нехаш дӀакхийсуьйла	[nehaʃ d'aqɪːsujl]

orelhão (m)	телефонан будка	[telefɔnan budk]
poste (m) de luz	фонаран зӀенар	[fɔnaran z'enar]
banco (m)	гӀант	[ɣant]

polícia (m)	полици	[pɔlɪtsɪ]
polícia (instituição)	полици	[pɔlɪtsɪ]
mendigo, pedinte (m)	сагӀадоьхург	[saɣadøhurg]
desabrigado (m)	цӀа доцу	[ts'a dɔtsu]

29. Instituições urbanas

loja (f)	туька	[tuk]
drogaria (f)	аптека	[aptek]
ótica (f)	оптика	[ɔptɪk]
centro (m) comercial	механ центр	[mehan tsentr]
supermercado (m)	супермаркет	[supermarket]

padaria (f)	сурсатийн туька	[sursatɪːn tuk]
padeiro (m)	пурнхо	[purnho]
pastelaria (f)	кондитерски	[kɔndɪterskɪ]
mercearia (f)	баккхал	[bakqal]
açougue (m)	жижиг духку туька	[ʒɪʒɪg duhku tuk]

| fruteira (f) | хасстоьмийн туька | [hasstømɪːn tuk] |
| mercado (m) | базар | [bazar] |

cafeteria (f)	кафе	[kafe]
restaurante (m)	ресторан	[restɔran]
bar (m)	йийн туька	[jɪːn tuk]
pizzaria (f)	пиццерий	[pɪtserɪː]

salão (m) de cabeleireiro	парикмахерски	[parɪkmaherskɪ]
agência (f) dos correios	пошт	[pɔʃt]
lavanderia (f)	химцӀандар	[hɪmts'andar]
estúdio (m) fotográfico	фотоателье	[fɔtɔatelje]

sapataria (f)	мачийн туька	[matʃɪːn tuk]
livraria (f)	книшкийн туька	[knɪʃkɪːn tuk]
loja (f) de artigos esportivos	спортан туька	[spɔrtan tuk]

costureira (m)	бедар таяр	[bedar tajar]
aluguel (m) de roupa	бедарийн прокат	[bedarɪːn prɔkat]
videolocadora (f)	фильман прокат	[fɪljman prɔkat]

| circo (m) | цирк | [tsɪrk] |
| jardim (m) zoológico | дийнатийн парк | [dɪːnatɪːn park] |

cinema (m)	кинотеатр	[kɪnɔteatr]
museu (m)	музей	[muzej]
biblioteca (f)	библиотека	[bɪblɪɔtek]

teatro (m)	театр	[teatr]
ópera (f)	опера	[ɔper]
boate (casa noturna)	буьйсанан клуб	[bʉjsanan klub]
cassino (m)	казино	[kazɪnɔ]

mesquita (f)	маьждиг	[mæʒdɪg]
sinagoga (f)	синагога	[sɪnagɔg]
catedral (f)	килс	[kɪls]
templo (m)	зиярат	[zɪjarat]
igreja (f)	килс	[kɪls]

faculdade (f)	институт	[ɪnstɪtut]
universidade (f)	университет	[unɪwersɪtet]
escola (f)	школа	[ʃkɔl]

prefeitura (f)	префектур	[prefektur]
câmara (f) municipal	мэри	[mɛrɪ]
hotel (m)	хьешийн цӏа	[heʃɪːn ts'a]
banco (m)	банк	[bank]

embaixada (f)	векаллат	[wekallat]
agência (f) de viagens	турагенство	[turagenstvɔ]
agência (f) de informações	хаттараллин бюро	[hattarallɪn bʉrɔ]
casa (f) de câmbio	хуьцийла	[hʉɪtsɪːl]

| metrô (m) | метро | [metrɔ] |
| hospital (m) | больница | [bɔljnɪts] |

| posto (m) de gasolina | бензин дутту колонка | [benzɪn duttu kɔlɔnk] |
| parque (m) de estacionamento | дӏахӏоттайойла | [d'ah'ɔttajojl] |

30. Sinais

letreiro (m)	гойтург	[gɔjturg]
aviso (m)	тӏеяздар	[t'ejazdar]
cartaz, pôster (m)	плакат	[plakat]
placa (f) de direção	гойтург	[gɔjturg]
seta (f)	цамза	[tsamz]

aviso (advertência)	лардар	[lardar]
sinal (m) de aviso	дӏахьедар	[d'ahedar]
avisar, advertir (vt)	дӏахьедан	[d'ahedan]

dia (m) de folga	мукъа де	[muq? de]
horário (~ dos trens, etc.)	расписани	[raspɪsanɪ]
horário (m)	белхан сахьташ	[belhan sahtaʃ]

BEM-VINDOS!	ДИКАНЦА ДОГӏИЙЛА!	[dɪkants dɔɣɪːl]
ENTRADA	ЧУГӏОЙЛА	[tʃuɣɔjl]
SAÍDA	АРАДОЛИЙЛА	[aradɔlɪːl]

EMPURRE	ШЕГАРА	[ʃəɡar]
PUXE	ШЕН ТIЕ	[ʃən t'e]
ABERTO	ДИЛЛИНА	[dɪllɪn]
FECHADO	КЪОВЛИНА	[q?ɔvlɪn]

| MULHER | ЗУДАРИЙН | [zudarɪ:n] |
| HOMEM | БОЖАРИЙН | [bɔʒarɪ:n] |

DESCONTOS	МАХ ТIЕРБАККХАР	[mah t'erbakqar]
SALDOS, PROMOÇÃO	ДОЬХКИНА ДIАДАККХАР	[døhkɪn d'adakqar]
NOVIDADE!	КЕРЛАНИГ!	[kerlanɪɡ]
GRÁTIS	МАЬХЗА	[mæhz]

ATENÇÃO!	ЛАДОГIА!	[ladɔɣ]
NÃO HÁ VAGAS	МЕТТИГ ЯЦ	[mettɪɡ jats]
RESERVADO	ЦХЬАНАН ТIЕХЬ	[tshanan t'eh
	ЧIАГIЙИНА	ʧ'aɣjɪn]

ADMINISTRAÇÃO	АДМИНИСТРАЦИ	[admɪnɪstratsɪ]
SOMENTE PESSOAL	ПЕРСОНАЛАН БЕ	[persɔnalan be]
AUTORIZADO		

CUIDADO CÃO FEROZ	ДЕРА ЖIАЬЛА	[der ʒ'æl]
PROIBIDO FUMAR!	ЦИГАЬРКА ОЗА	[tsɪɡærk ɔz
	МЕГАШ ДАЦ!	meɡaʃ dats]
NÃO TOCAR	КУЬЙГАШ МА ДЕТТА!	[kɥjɡaʃ ma dett]

PERIGOSO	КХЕРАМЕ	[qerame]
PERIGO	КХЕРАМ	[qeram]
ALTA TENSÃO	ЛАКХАРЧУ	[laqarʧu
	БУЛЛАМАН ТОК	bullaman tɔk]
PROIBIDO NADAR	ЛИЙЧА ЦА МЕГА	[lɪ:ʧ tsa meɡ]
COM DEFEITO	БОЛХ ЦА БО	[bɔlh tsa bɔ]

INFLAMÁVEL	ЦIЕ КХЕРАМЕ	[ts'e qerame]
PROIBIDO	ЦА МЕГА	[tsa meɡ]
ENTRADA PROIBIDA	ЧЕКХДАЛАР ЦА МЕГА	[ʧeqdalar tsa meɡ]
CUIDADO TINTA FRESCA	БАСАР ХЬАЬКХНА	[basar hæqn]

31. Compras

comprar (vt)	эца	[ɛts]
compra (f)	эцар	[ɛtsar]
fazer compras	х1уманаш эца	[humanaʃ ɛts]
compras (f pl)	эцар	[ɛtsar]

| estar aberta (loja) | болх бан | [bɔlh ban] |
| estar fechada | дIакъовла | [d'aq?ɔvl] |

calçado (m)	мача	[maʧ]
roupa (f)	бедар	[bedar]
cosméticos (m pl)	косметика	[kɔsmetɪk]
alimentos (m pl)	сурсаташ	[sursataʃ]
presente (m)	совгIат	[sɔvɣat]

vendedor (m)	йохкархо	[johkɑrhɔ]
vendedora (f)	йохкархо	[johkɑrhɔ]
caixa (f)	касса	[kɑss]
espelho (m)	куьзга	[kʉzg]
balcão (m)	гӀопаста	[ɣɔpɑst]
provador (m)	примерочни	[prɪmerɔʧnɪ]
provar (vt)	тӀедуьйхина хьажа	[t'edʉjhɪn hɑʒ]
servir (roupa, caber)	гӀехьа хила	[ɣeh hɪl]
gostar (apreciar)	хазахета	[hazɑhet]
preço (m)	мах	[mɑh]
etiqueta (f) de preço	махло	[mɑhlɔ]
custar (vt)	деха	[deh]
Quanto?	ХӀун доккху?	[h'un dɔkqu]
desconto (m)	тӀерадаккхар	[t'erɑdɑkqɑr]
não caro (adj)	деза доцу	[dez dɔʦu]
barato (adj)	дораха	[dɔrɑh]
caro (adj)	деза	[dez]
É caro	Иза механ деза ду.	[ɪz mehan dez du]
aluguel (m)	прокат	[prɔkɑt]
alugar (roupas, etc.)	прокатан схьаэца	[prɔkatɑn shɑəts]
crédito (m)	кредит	[kredɪt]
a crédito	кредитан	[kredɪtɑn]

VESTUÁRIO & ACESSÓRIOS

32. Roupa exterior. Casacos

roupa (f)	бедар	[bedɑr]
roupa (f) exterior	тӏехула юху бедар	[t'ehul juhu bedɑr]
roupa (f) de inverno	Iаьнан барзакъ	['ænɑn bɑrzɑq?]
sobretudo (m)	пальто	[pɑljtɔ]
casaco (m) de pele	кетар	[ketɑr]
jaqueta (f) de pele	йоца кетар	[jotts ketɑr]
casaco (m) acolchoado	месийн гоь	[mesı:n gø]
casaco (m), jaqueta (f)	куртка	[kurtk]
impermeável (m)	плащ	[plɑç]
a prova d'água	хи чекх ца долу	[hı ʧeq tts dɔlu]

33. Vestuário de homem & mulher

camisa (f)	коч	[kɔʧ]
calça (f)	хеча	[heʧ]
jeans (m)	джинсаш	[ʤınsɑʃ]
paletó, terno (m)	пиджак	[pıʤɑk]
terno (m)	костюм	[kɔstʉm]
vestido (ex. ~ de noiva)	бедар	[bedɑr]
saia (f)	юпка	[jupk]
blusa (f)	блузка	[bluzk]
casaco (m) de malha	кофта	[kɔft]
casaco, blazer (m)	жакет	[ʒɑket]
camiseta (f)	футболк	[futbɔlk]
short (m)	шорташ	[ʃɔrtɑʃ]
training (m)	спортан костюм	[spɔrtɑn kɔstʉm]
roupão (m) de banho	оба	[ɔb]
pijama (m)	пижама	[pıʒɑm]
suéter (m)	свитер	[swıter]
pulôver (m)	пуловер	[pulɔwer]
colete (m)	жилет	[ʒɪlet]
fraque (m)	фрак	[frɑk]
smoking (m)	смокинг	[smɔkıng]
uniforme (m)	форма	[fɔrm]
roupa (f) de trabalho	белхан бедар	[belhan bedɑr]
macacão (m)	комбинезон	[kɔmbınezɔn]
jaleco (m), bata (f)	оба	[ɔb]

34. Vestuário. Roupa interior

roupa (f) íntima	чухулаюху хlуманаш	[ʧuhulɑjuhu h'umɑnɑʃ]
camiseta (f)	майка	[mɑjk]
meias (f pl)	пазаташ	[pɑzɑtɑʃ]
camisola (f)	вуьжуш юху коч	[vɐʒuʃ juhu kɔʧ]
sutiã (m)	бюстгалтер	[bɐstgɑlter]
meias longas (f pl)	пазаташ	[pɑzɑtɑʃ]
meias-calças (f pl)	колготкаш	[kɔlgɔtkɑʃ]
meias (~ de nylon)	пазаташ	[pɑzɑtɑʃ]
maiô (m)	луьйчушъюхург	[lɐjʧuʃʔɐhurg]

35. Adereços de cabeça

chapéu (m), touca (f)	куй	[kuj]
chapéu (m) de feltro	шляпа	[ʃljɑp]
boné (m) de beisebol	бейсболк	[bejsbɔlk]
boina (~ italiana)	кепка	[kepk]
boina (ex. ~ basca)	берет	[beret]
capuz (m)	бошлакх	[bɔʃlɑq]
chapéu panamá (m)	панамка	[pɑnɑmk]
touca (f)	юьйцина куй	[jujtsɪn kuj]
lenço (m)	йовлакх	[jovlɑq]
chapéu (m) feminino	шляпин цуьрг	[ʃljɑpɪn tsɐrg]
capacete (m) de proteção	каска	[kɑsk]
bibico (m)	пилотка	[pɪlɔtk]
capacete (m)	гlем	[ɣem]
chapéu-coco (m)	яй	[jɑj]
cartola (f)	цилиндр	[tsɪlɪndr]

36. Calçado

calçado (m)	мача	[mɑʧ]
botinas (f pl), sapatos (m pl)	батенкаш	[bɑtenkɑʃ]
sapatos (de salto alto, etc.)	туфлеш	[tufleʃ]
botas (f pl)	эткаш	[ɛtkɑʃ]
pantufas (f pl)	кlархаш	[k'ɑrhɑʃ]
tênis (~ Nike, etc.)	красовкаш	[krasɔvkɑʃ]
tênis (~ Converse)	кеди	[kedɪ]
sandálias (f pl)	сандалеш	[sɑndɑleʃ]
sapateiro (m)	эткийн пхьар	[ɛtkɪːn phɑr]
salto (m)	кlажа	[k'ɑʒ]
par (m)	шиъ	[ʃɪʔ]
cadarço (m)	чимчаргlа	[ʧɪmʧɑrɣ]

amarrar os cadarços	чимчаргӀа дӀадехка	[ʧɪmʧarɣ d'adehk]
calçadeira (f)	Ӏайг	['ajg]
graxa (f) para calçado	мачийн крем	[matʃɪ:n krem]

37. Acessórios pessoais

luva (f)	карнаш	[karnaʃ]
mitenes (f pl)	каранаш	[karanaʃ]
cachecol (m)	шарф	[ʃarf]

óculos (m pl)	куьзганаш	[kʉzganaʃ]
armação (f)	куьзганийн гура	[kʉzganɪ:n gur]
guarda-chuva (m)	зонтик	[zɔntɪk]
bengala (f)	Ӏасалг	['asalg]
escova (f) para o cabelo	щётка	[ɕʲotk]
leque (m)	мохтухург	[mɔhtuhurg]

gravata (f)	галстук	[galstuk]
gravata-borboleta (f)	галстук-бабочка	[galstuk babɔʧk]
suspensórios (m pl)	доьхкарш	[døhkarʃ]
lenço (m)	мерах хьокху йовлакх	[merah hɔqu jovlaq]

pente (m)	ехк	[ehk]
fivela (f) para cabelo	маха	[mah]
grampo (m)	мӀара	[m'ar]
fivela (f)	кӀега	[k'eg]

| cinto (m) | доьхка | [døhk] |
| alça (f) de ombro | бухка | [buhk] |

bolsa (f)	тӀормиг	[t'ɔrmɪg]
bolsa (feminina)	тӀормиг	[t'ɔrmɪg]
mochila (f)	рюкзак	[rʉkzak]

38. Vestuário. Diversos

moda (f)	мода	[mɔd]
na moda (adj)	модехь долу	[mɔdeh dɔlu]
estilista (m)	модельхо	[mɔdeljho]

colarinho (m)	кач	[kaʧ]
bolso (m)	киса	[kɪs]
de bolso	кисанан	[kɪsanan]
manga (f)	пхьош	[phɔʃ]
ganchinho (m)	лалам	[lalam]
bragueta (f)	ширинка	[ʃɪrɪnk]

zíper (m)	догӀа	[dɔɣ]
colchete (m)	туьйдарг	[tʉjdarg]
botão (m)	нуьйда	[nʉjd]
botoeira (casa de botão)	туьйдарг	[tʉjdarg]
soltar-se (vr)	дӀадала	[d'adal]

costurar (vi)	тега	[teg]
bordar (vt)	дага	[dag]
bordado (m)	дагар	[dagar]
agulha (f)	маха	[mah]
fio, linha (f)	тай	[taj]
costura (f)	эвна	[ɛvn]

sujar-se (vr)	бехдала	[behdal]
mancha (f)	таммарла	[tammaɣ]
amarrotar-se (vr)	хьерча	[hertʃ]
rasgar (vt)	датӏо	[dat'ɔ]
traça (f)	неца	[nets]

39. Cuidados pessoais. Cosméticos

pasta (f) de dente	цергийн паста	[tsergɪːn past]
escova (f) de dente	цергийг щётка	[tsergɪːg ɕotk]
escovar os dentes	цергаш цӏанъян	[tsergaʃ ts'an?jan]

gilete (f)	урс	[urs]
creme (m) de barbear	маж йошуш хьокху крем	[maʒ joʃuʃ hɔqu krem]
barbear-se (vr)	даша	[daʃ]

| sabonete (m) | саба | [sab] |
| xampu (m) | шампунь | [ʃampunj] |

tesoura (f)	тукар	[tukar]
lixa (f) de unhas	ков	[kɔv]
corta-unhas (m)	маӏраш йоху морзах	[ma'raʃ johu mɔrzah]
pinça (f)	пинцет	[pɪntset]

cosméticos (m pl)	косметика	[kɔsmetɪk]
máscara (f)	маска	[mask]
manicure (f)	маникюр	[manɪkʉr]
fazer as unhas	маникюр ян	[manɪkʉr jan]
pedicure (f)	педикюр	[pedɪkʉr]

bolsa (f) de maquiagem	косметичка	[kɔsmetɪtʃk]
pó (de arroz)	пудра	[pudr]
pó (m) compacto	пудрадухкург	[pudraduhkurg]
blush (m)	цӏен басарш	[ts'en basarʃ]

perfume (m)	духӏи	[duh'ɪ]
água-de-colônia (f)	туалетан хи	[tualetan hɪ]
loção (f)	лосьон	[lɔsʲon]
colônia (f)	ӏатӏар	['at'ar]

sombra (f) de olhos	тенеш	[teneʃ]
delineador (m)	бӏаргах хьокху къолам	[b'argah hɔqu q?ɔlam]
máscara (f), rímel (m)	тушь	[tuʃ]

batom (m)	балдех хьокху хьакхар	[baldeh hɔqu haqar]
esmalte (m)	маӏрат хьокху лак	[ma'rat hɔqu lak]
laquê (m), spray fixador (m)	месашт хьокху лак	[mesaʃt hɔqu lak]

desodorante (m)	дезодарант	[dezɔdarant]
creme (m)	крем	[krem]
creme (m) de rosto	юьхьах хьокху крем	[juhah hɔqu krem]
creme (m) de mãos	куьйгах хьокху крем	[kʉjgah hɔqu krem]
creme (m) antirrugas	хершнаш дуьхьал крем	[herʃnaʃ dʉhal krem]
de dia	дийнан	[dɪːnan]
da noite	буьйсанан	[bʉjsanan]

absorvente (m) interno	тампон	[tampɔn]
papel (m) higiênico	хьашталан кехат	[haʃtaɣan kehat]
secador (m) de cabelo	месашъякъорг	[mesaʃʲjaqʔɔrg]

40. Relógios de pulso. Relógios

relógio (m) de pulso	пхьаьрсах доьхку сахьт	[phæːrsah døhku saht]
mostrador (m)	циферблат	[ʦɪferblat]
ponteiro (m)	сахьтан цамза	[sahtan ʦamz]
bracelete (em aço)	сахьтан хlоз	[sahtan h'ɔz]
bracelete (em couro)	ремешок	[remeʃɔk]

pilha (f)	батарейка	[batarejk]
acabar (vi)	охьахаа	[ɔhaha'a]
trocar a pilha	хийца	[hɪːʦ]
estar adiantado	сихадала	[sɪhadal]
estar atrasado	тlехь лела	[t'eh lel]

relógio (m) de parede	пенах уллу сахьт	[penah ullu saht]
ampulheta (f)	гlамаран сахьт	[ɣamaran saht]
relógio (m) de sol	маьлхан сахьт	[mælhan saht]
despertador (m)	сомавоккху сахьт	[sɔmavɔkqu saht]
relojoeiro (m)	сахьтийн пхьар	[sahtɪːn phar]
reparar (vt)	тадан	[tadan]

EXPERIÊNCIA DO QUOTIDIANO

41. Dinheiro

dinheiro (m)	ахча	[ahtʃ]
câmbio (m)	хийцар	[hɪːtsar]
taxa (f) de câmbio	мах	[mah]
caixa (m) eletrônico	банкомат	[bankɔmat]
moeda (f)	ахча	[ahtʃ]
dólar (m)	доллар	[dɔllar]
euro (m)	евро	[evrɔ]
lira (f)	лира	[lɪr]
marco (m)	марка	[mark]
franco (m)	франк	[frank]
libra (f) esterlina	стерлингийн фунт	[sterlɪŋgɪːn funt]
iene (m)	йена	[jen]
dívida (f)	декхар	[deqar]
devedor (m)	декхархо	[deqarhɔ]
emprestar (vt)	юхалург дала	[juhalurg dal]
pedir emprestado	юхалург эца	[juhalurg ɛts]
banco (m)	банк	[bank]
conta (f)	счёт	[stʃʼot]
depositar na conta	счёт тӏедилла	[stʃʼot tʼedɪll]
sacar (vt)	счёт тӏера схьаэца	[stʃʼot tʼer sha'ɛts]
cartão (m) de crédito	кредитан карта	[kredɪtan kart]
dinheiro (m) vivo	карахь долу ахча	[karah dɔlu ahtʃ]
cheque (m)	чек	[tʃek]
passar um cheque	чёт язъян	[tʃʼot jaz?jan]
talão (m) de cheques	чекан книшка	[tʃekan knɪʃk]
carteira (f)	бумаьштиг	[bumæʃtɪg]
niqueleira (f)	бохча	[bɔhtʃ]
cofre (m)	сейф	[sejf]
herdeiro (m)	верас	[weras]
herança (f)	диснарг	[dɪsnarg]
fortuna (riqueza)	бахам	[baham]
arrendamento (m)	аренда	[arend]
aluguel (pagar o ~)	петаран мах	[petaran mah]
alugar (vt)	лаца	[lats]
preço (m)	мах	[mah]
custo (m)	мах	[mah]
soma (f)	жамӏ	[ʒam']

gastar (vt)	дайа	[dɑj]
gastos (m pl)	харжаш	[harʒɑʃ]
economizar (vi)	довзо	[dɔvzɔ]
econômico (adj)	девзаш долу	[devzɑʃ dɔlu]

pagar (vt)	ахча дала	[ahtʃ dal]
pagamento (m)	алапа далар	[alap dalar]
troco (m)	юхадоьlург	[juhadɔɣurg]

imposto (m)	налог	[nalɔg]
multa (f)	гlуда	[ɣud]
multar (vt)	гlуда тоха	[ɣud tɔh]

42. Correios. Serviço postal

agência (f) dos correios	пошт	[pɔʃt]
correio (m)	пошт	[pɔʃt]
carteiro (m)	почтальон	[pɔtʃtaljˈɔn]
horário (m)	белхан сахьташ	[belhan sahtɑʃ]

carta (f)	кехат	[kehat]
carta (f) registada	заказ дина кехат	[zakaz dɪn kehat]
cartão (m) postal	открытк	[ɔtkrɪtk]
telegrama (m)	телеграмма	[telegramm]
encomenda (f)	посылка	[pɔsɪlk]
transferência (f) de dinheiro	дlатесна ахча	[d'atesn ahtʃ]

receber (vt)	схьаэца	[shaəts]
enviar (vt)	дlадахьийта	[d'adahɪ:t]
envio (m)	дlадахьийтар	[d'adahɪ:tar]

endereço (m)	адрес	[adres]
código (m) postal	индекс	[ɪndeks]
remetente (m)	дlадахьийтинарг	[d'adahɪ:tɪnarg]
destinatário (m)	схьаэцархо	[shaətsarhɔ]

nome (m)	цlе	[ts'e]
sobrenome (m)	фамили	[famɪlɪ]

tarifa (f)	тариф	[tarɪf]
ordinário (adj)	гуттарлера	[guttarler]
econômico (adj)	кхоаме	[qɔame]

peso (m)	дозалла	[dɔzall]
pesar (estabelecer o peso)	оза	[ɔz]
envelope (m)	ботт	[bɔtt]
selo (m) postal	марка	[mark]

43. Banca

banco (m)	банк	[bank]
balcão (f)	отделени	[ɔtdelenɪ]

| consultor (m) bancário | консультант | [kɔnsuljtant] |
| gerente (m) | урхалхо | [urhalho] |

conta (f)	счёт	[stʃot]
número (m) da conta	чотан номер	[tʃotan nɔmer]
conta (f) corrente	карара чот	[karar tʃot]
conta (f) poupança	накопительни чот	[nakɔpɪteljnɪ tʃot]

abrir uma conta	чот схьайелла	[tʃot shajell]
fechar uma conta	чот дӏакъовла	[tʃot d'aq?ovl]
depositar na conta	счёт тӏедилла	[stʃot t'edɪll]
sacar (vt)	счёт тӏера схьаэца	[stʃot t'er sha'ɛts]

depósito (m)	диллар	[dɪllar]
fazer um depósito	дилла	[dɪll]
transferência (f) bancária	дахьийтар	[dahɪ:tar]
transferir (vt)	дахьийта	[dahɪ:t]

| soma (f) | жамӏ | [ʒam'] |
| Quanto? | Мел? | [mel] |

| assinatura (f) | куьг | [kʉg] |
| assinar (vt) | куьг таӏо | [kʉg ta'ɔ] |

cartão (m) de crédito	кредитан карта	[kredɪtan kart]
senha (f)	код	[kɔd]
número (m) do cartão de crédito	кредитан картан номер	[kredɪtan kartan nɔmer]
caixa (m) eletrônico	банкомат	[bankɔmat]

cheque (m)	чек	[tʃek]
passar um cheque	чек язъян	[tʃek jaz?jan]
talão (m) de cheques	чекан книшка	[tʃekan knɪʃk]

empréstimo (m)	кредит	[kredɪt]
pedir um empréstimo	кредит дехар	[kredɪt dehar]
obter empréstimo	кредит эца	[kredɪt ɛts]
dar um empréstimo	кредит далар	[kredɪt dalar]
garantia (f)	юкъархилар	[juq?arhɪlar]

44. Telefone. Conversação telefônica

telefone (m)	телефон	[telefɔn]
celular (m)	мобильни телефон	[mɔbɪljnɪ telefɔn]
secretária (f) eletrônica	автоответчик	[avtə'otwetʃɪk]

| fazer uma chamada | детта | [dett] |
| chamada (f) | горгали | [gɔrgalɪ] |

discar um número	номер эца	[nɔmer ɛts]
Alô!	Алло!	[allɔ]
perguntar (vt)	хатта	[hatt]
responder (vt)	жоп дала	[ʒɔp dal]
ouvir (vt)	хаза	[haz]

bem	дика ду	[dɪk du]
mal	вон ду	[vɔn du]
ruído (m)	новкъарлонаш	[nɔvqʔarlɔnaʃ]

fone (m)	луьлла	[lʉll]
pegar o telefone	луьлла эца	[lʉll ɛts]
desligar (vi)	луьлла охьайилла	[lʉll ɔhajɪll]

ocupado (adj)	мукъа доцу	[muqʔ dɔtsu]
tocar (vi)	етта	[ett]
lista (f) telefônica	телефонан книга	[telefɔnan knɪg]

chamada (f) local	меттигара	[mettɪgar]
de longa distância	гӀаланашна юккъера	[ɣalanaʃn jukqʔer]
internacional (adj)	гӀаланашна юккъера	[ɣalanaʃn jukqʔer]

45. Telefone móvel

celular (m)	мобильни телефон	[mɔbɪljnɪ telefɔn]
tela (f)	дисплей	[dɪsplej]
botão (m)	кнопка	[knɔpk]
cartão SIM (m)	SIM-карта	[sɪm kart]

bateria (f)	батарей	[batarej]
descarregar-se (vr)	кхачадала	[qatʃadal]
carregador (m)	юзаран гӀирс	[juzaran ɣɪrs]

menu (m)	меню	[menʉ]
configurações (f pl)	настройкаш	[nastrɔjkaʃ]
melodia (f)	мукъам	[muqʔam]
escolher (vt)	харжа	[harʒ]

calculadora (f)	калькулятор	[kaljkuljatɔr]
correio (m) de voz	автоответчик	[avtɛˈotwetʃɪk]
despertador (m)	сомавоккху сахьт	[sɔmavɔkqu saht]
contatos (m pl)	телефонан книга	[telefɔnan knɪg]

| mensagem (f) de texto | SMS-хаам | [ɛsɛmɛs haˈam] |
| assinante (m) | абонент | [abɔnent] |

46. Estacionário

| caneta (f) | авторучка | [avtɔrutʃk] |
| caneta (f) tinteiro | перо | [perɔ] |

lápis (m)	къолам	[qʔɔlam]
marcador (m) de texto	маркер	[marker]
caneta (f) hidrográfica	фломастер	[flɔmaster]

bloco (m) de notas	блокнот	[blɔknɔt]
agenda (f)	ежедневник	[eʒednevnɪk]
régua (f)	линейка	[lɪnejk]

calculadora (f)	калькулятор	[kaljkuljatɔr]
borracha (f)	лаьстиг	[læstɪg]
alfinete (m)	кнопка	[knɔpk]
clipe (m)	маІар	[maˈar]

cola (f)	клей	[klej]
grampeador (m)	степлер	[stepler]
furador (m) de papel	Іуьргашдохург	[ˈʉrgaʃdɔhurg]
apontador (m)	точилк	[tɔʧɪlk]

47. Línguas estrangeiras

língua (f)	мотт	[mɔtt]
língua (f) estrangeira	кхечу мехкийн мотт	[qeʧu mehkɪːn mɔtt]
estudar (vt)	Іамо	[ˈamɔ]
aprender (vt)	Іамо	[ˈamɔ]

ler (vt)	еша	[eʃ]
falar (vi)	дийца	[dɪːʦ]
entender (vt)	кхета	[qet]
escrever (vt)	яздан	[jazdan]

rapidamente	сиха	[sɪh]
devagar, lentamente	меллаша	[mellaʃ]
fluentemente	паргІат	[parɣat]

regras (f pl)	бакъонаш	[baqʔɔnaʃ]
gramática (f)	грамматика	[grammatɪk]
vocabulário (m)	лексика	[leksɪk]
fonética (f)	фонетика	[fɔnetɪk]

livro (m) didático	учебник	[uʧebnɪk]
dicionário (m)	дошам, словарь	[dɔʃam], [slɔvarʲ]
manual (m) autodidático	Іамалург	[ˈamalurg]
guia (m) de conversação	къамелІаморг	[qʔamelˈamɔrg]

fita (f) cassete	кассета	[kasset]
videoteipe (m)	видеокассета	[wɪdeɔkasset]
CD (m)	CD	[sɪdɪ]
DVD (m)	DVD	[dɪwɪdɪ]

alfabeto (m)	алфавит	[alfawɪt]
soletrar (vt)	элпашц мотт бийца	[ɛlpaʃts mɔtt bɪːts]
pronúncia (f)	алар	[alar]

sotaque (m)	акцент	[akʦent]
com sotaque	акцент	[akʦent]
sem sotaque	акцент ца хила	[akʦent ʦə hɪl]

| palavra (f) | дош | [dɔʃ] |
| sentido (m) | маьІна | [mæˈn] |

| curso (m) | курсаш | [kursaʃ] |
| inscrever-se (vr) | дІаяздала | [dˈajazdal] |

professor (m)	хьехархо	[heharhɔ]
tradução (processo)	дахьийтар	[dɑhɪːtɑr]
tradução (texto)	гоч дар	[gɔʧ dɑr]
tradutor (m)	талмаж	[tɑlmɑʒ]
intérprete (m)	талмаж	[tɑlmɑʒ]
poliglota (m)	полиглот	[pɔlɪglɔt]
memória (f)	эс	[ɛs]

REFEIÇÕES. RESTAURANTE

48. Por a mesa

colher (f)	lайг	['ɑjg]
faca (f)	ypc	[urs]
garfo (m)	мlара	[m'ar]
xícara (f)	кад	[kɑd]
prato (m)	бошхап	[bɔʃhap]
pires (m)	бошхап	[bɔʃhap]
guardanapo (m)	салфетка	[salfetk]
palito (m)	цергахълуттург	[ʦergah?əutturg]

49. Restaurante

restaurante (m)	ресторан	[restɔran]
cafeteria (f)	кофейни	[kɔfejnɪ]
bar (m), cervejaria (f)	бар	[bar]
salão (m) de chá	чайнан салон	[ʧajnan salɔn]
garçom (m)	официант	[ɔfɪʦɪant]
garçonete (f)	официантка	[ɔfɪʦɪantk]
barman (m)	бармен	[barmen]
cardápio (m)	меню	[menʉ]
lista (f) de vinhos	чаlаран карта	[ʧaɣaran kart]
reservar uma mesa	стол цхьанна тlехь чlарlдан	[stɔl ʦhann t'eh ʧ'aɣdan]
prato (m)	даар	[da'ar]
pedir (vt)	заказ ян	[zakaz jan]
fazer o pedido	заказ ян	[zakaz jan]
aperitivo (m)	аперетив	[aperetɪv]
entrada (f)	тlекхоллург	[t'eqɔllurg]
sobremesa (f)	десерт	[desert]
conta (f)	счёт	[sʧ'ot]
pagar a conta	счётан мах бала	[sʧ'otan mah bal]
dar o troco	юхадоlург дала	[juhadɔɣurg dal]
gorjeta (f)	чайнна хlума	[ʧajnn h'um]

50. Refeições

comida (f)	даар	[da'ar]
comer (vt)	яаа	[ja'a]

café (m) da manhã	марта	[mart]
tomar café da manhã	марта даа	[mart da'a]
almoço (m)	делкъан кхача	[delqʔan qatʃ]
almoçar (vi)	делкъана хIума яа	[delqʔan h'um ja'a]
jantar (m)	пхьор	[phɔr]
jantar (vi)	пхьор дан	[phɔr dan]

apetite (m)	аппетит	[appetɪt]
Bom apetite!	ГIоза доийла!	[ɣɔz dɔɪ:l]

abrir (~ uma lata, etc.)	схьаела	[shajel]
derramar (~ líquido)	Iано	['anɔ]
derramar-se (vr)	Iана	['an]

ferver (vi)	кхехка	[qehk]
ferver (vt)	кхехко	[qehkɔ]
fervido (adj)	кхехкийна	[qehkɪ:n]
esfriar (vt)	шелдан	[ʃeldan]
esfriar-se (vr)	шелдала	[ʃeldal]

sabor, gosto (m)	чам	[ʧam]
fim (m) de boca	кхин чам	[qɪn ʧam]

emagrecer (vi)	аздала	[azdal]
dieta (f)	диета	[dɪet]
vitamina (f)	втамин	[vtamɪn]
caloria (f)	калорий	[kalɔrɪ:]
vegetariano (m)	дилхазахо	[dɪlhazaho]
vegetariano (adj)	дилхаза	[dɪlhaz]

gorduras (f pl)	дилхдаьтта	[dɪlhdætt]
proteínas (f pl)	кIайн хIоа	[k'ajn h'ɔ'a]
carboidratos (m pl)	углеводаш	[uglevɔdaʃ]
fatia (~ de limão, etc.)	цастар	[tsastar]
pedaço (~ de bolo)	юьхк	[juhk]
migalha (f), farelo (m)	цуьрг	[tsurg]

51. Pratos cozinhados

prato (m)	даар	[da'ar]
cozinha (~ portuguesa)	даарш	[da'arʃ]
receita (f)	рецепт	[retsept]
porção (f)	порци	[pɔrtsɪ]

salada (f)	салат	[salat]
sopa (f)	чорпа	[ʧɔrp]

caldo (m)	чорпа	[ʧɔrp]
sanduíche (m)	бутерброд	[buterbrɔd]
ovos (m pl) fritos	хIоаш	[h'ɔ'aʃ]

hambúrguer (m)	гамбургер	[gamburger]
bife (m)	бифштекс	[bɪfʃteks]
acompanhamento (m)	гарнир	[garnɪr]

espaguete (m)	спагетти	[spagettɪ]
purê (m) de batata	картолийн худар	[kartɔlɪ:n hudar]
pizza (f)	пицца	[pɪts]
mingau (m)	худар	[hudar]
omelete (f)	омлет	[ɔmlet]

fervido (adj)	кхехкийна	[qehkɪ:n]
defumado (adj)	кхаьгна	[qægn]
frito (adj)	кхерзина	[qerzɪn]
seco (adj)	дакъийна	[daq?ɪ:n]
congelado (adj)	гlорийна	[ɣɔrɪ:n]
em conserva (adj)	берамала доьллина	[beramal døllɪn]

doce (adj)	мерза	[merz]
salgado (adj)	дуьра	[dʉr]
frio (adj)	шийла	[ʃɪ:l]
quente (adj)	довха	[dɔvh]
amargo (adj)	къаьхьа	[q?æh]
gostoso (adj)	чоме	[ʧɔme]

cozinhar em água fervente	кхехко	[qehkɔ]
preparar (vt)	кечдан	[keʧdan]
fritar (vt)	кхарза	[qarz]
aquecer (vt)	дохдан	[dɔhdan]

salgar (vt)	туьха таса	[tʉha tas]
apimentar (vt)	бурч таса	[burʧ tas]
ralar (vt)	сатоха	[satɔh]
casca (f)	чкъуьйриг	[ʧq?ʉjrɪg]
descascar (vt)	цlанъян	[ts'an?jan]

52. Comida

carne (f)	жижиг	[ʒɪʒɪg]
galinha (f)	котам	[kɔtam]
frango (m)	кlорни	[k'ɔrnɪ]
pato (m)	бад	[bad]
ganso (m)	гlаз	[ɣaz]
caça (f)	экха	[ɛq]
peru (m)	москал-котам	[mɔskal kɔtam]

carne (f) de porco	хьакхин жижиг	[haqɪn ʒɪʒɪg]
carne (f) de vitela	эсан жижиг	[ɛsan ʒɪʒɪg]
carne (f) de carneiro	уьстагlан жижиг	[ʉstaɣan ʒɪʒɪg]
carne (f) de vaca	бежанан жижиг	[beʒanan ʒɪʒɪg]
carne (f) de coelho	пхьагал	[phagal]

linguiça (f), salsichão (m)	марш	[marʃ]
salsicha (f)	йоьхь	[jøh]
bacon (m)	бекон	[bekɔn]
presunto (m)	дакъийна хьакхин жижиг	[daq?ɪ:n haqɪn ʒɪʒɪg]
pernil (m) de porco	хьакхин гlорl	[haqɪn ɣɔɣ]
patê (m)	паштет	[paʃtet]
fígado (m)	долах	[dɔ'ah]

| guisado (m) | аьхьана жижиг | [æhɑn ʒɪʒɪg] |
| língua (f) | мотт | [mɔtt] |

ovo (m)	хӏоа	[h'ɔ'ɑ]
ovos (m pl)	хӏоаш	[h'ɔ'ɑʃ]
clara (f) de ovo	кӏайн хӏоа	[k'ɑjn h'ɔ'ɑ]
gema (f) de ovo	буьйра	[bʉjr]

peixe (m)	чӏара	[tʃ'ɑr]
mariscos (m pl)	хӏордан сурсаташ	[h'ɔrdɑn sursɑtɑʃ]
caviar (m)	зирх	[zɪrh]

caranguejo (m)	краб	[krɑb]
camarão (m)	креветка	[krewetk]
ostra (f)	устрица	[ustrɪts]
lagosta (f)	лангуст	[lɑngust]
polvo (m)	бархӏкогберг	[bɑrh'kɔgberg]
lula (f)	кальмар	[kɑljmɑr]

esturjão (m)	ирӏу	[ɪrɣu]
salmão (m)	лосось	[lɔsɔsʲ]
halibute (m)	палтус	[pɑltus]

bacalhau (m)	треска	[tresk]
cavala, sarda (f)	скумбри	[skumbrɪ]
atum (m)	тунец	[tunets]
enguia (f)	жӏаьлин чӏара	[ʒ'ælɪn tʃ'ɑr]

truta (f)	бакъ чӏара	[bɑqʔ tʃ'ɑr]
sardinha (f)	сардина	[sɑrdɪn]
lúcio (m)	гӏазкхийн чӏара	[ɣɑzqɪːn tʃ'ɑr]
arenque (m)	сельдь	[seljdʲ]

pão (m)	бепиг	[bepɪg]
queijo (m)	нехча	[nehtʃ]
açúcar (m)	шекар	[ʃəkɑr]
sal (m)	туьха	[tʉh]

arroz (m)	дуга	[dug]
massas (f pl)	макаронаш	[mɑkɑrɔnɑʃ]
talharim, miojo (m)	гарзанаш	[gɑrzɑnɑʃ]

manteiga (f)	налха	[nɑlh]
óleo (m) vegetal	ораматийн даьтта	[ɔrɑmɑtːn dætt]
óleo (m) de girassol	хӏун даьтта	[h'un dætt]
margarina (f)	маргарин	[mɑrgɑrɪn]

| azeitonas (f pl) | оливкаш | [ɔlɪvkɑʃ] |
| azeite (m) | оливкан даьтта | [ɔlɪvkɑn dætt] |

leite (m)	шура	[ʃur]
leite (m) condensado	юкъйина шура	[juqʔjɪn ʃur]
iogurte (m)	йогурт	[jogurt]
creme (m) azedo	тӏо	[t'ɔ]
creme (m) de leite	гӏаймакх	[ɣɑjmɑq]
maionese (f)	майнез	[mɑjnez]

creme (m)	крем	[krem]
grãos (m pl) de cereais	Iов	['ɔv]
farinha (f)	дама	[dam]
enlatados (m pl)	консерваш	[kɔnservaʃ]

flocos (m pl) de milho	хьаьжкlийн чуьппалгаш	[hæʒk'ɪːn tʃɵppalgaʃ]
mel (m)	моз	[mɔz]
geleia (m)	джем	[dʒem]
chiclete (m)	ceгla3	[seɣaz]

53. Bebidas

água (f)	хи	[hɪ]
água (f) potável	молу хи	[mɔlu hɪ]
água (f) mineral	дарбане хи	[darbane hɪ]

sem gás (adj)	газ йоцуш	[gaz jotsuʃ]
gaseificada (adj)	газ тоьхна	[gaz tøhn]
com gás	газ йолуш	[gaz joluʃ]
gelo (m)	ша	[ʃ]
com gelo	ша болуш	[ʃa boluʃ]

não alcoólico (adj)	алкоголь йоцу	[alkɔgɔlj jotsu]
refrigerante (m)	алкоголь йоцу маларш	[alkɔgɔlj jotsu malarʃ]
refresco (m)	хьогаллин малар	[hɔgallɪn malar]
limonada (f)	лимонад	[lɪmɔnad]

bebidas (f pl) alcoólicas	алкоголь йолу маларш	[alkɔgɔlj jolu malarʃ]
vinho (m)	чагlар	[tʃaɣar]
vinho (m) branco	кlай чагlар	[k'aj tʃaɣar]
vinho (m) tinto	цlен чагlар	[ts'en tʃaɣar]

licor (m)	ликёр	[lɪkʲor]
champanhe (m)	шампански	[ʃampanskɪ]
vermute (m)	вермут	[wermut]

uísque (m)	виски	[wɪskɪ]
vodca (f)	къаьракъа	[q?æraq?]
gim (m)	джин	[dʒɪn]
conhaque (m)	коньяк	[kɔnjak]
rum (m)	ром	[rɔm]

café (m)	къахьо	[q?ahɔ]
café (m) preto	Iаьржа къахьо	['ærʒ q?ahɔ]
café (m) com leite	шура тоьхна къахьо	[ʃur tøhn q?ahɔ]
cappuccino (m)	гlаймакх тоьхна къахьо	[ɣajmaq tøhn q?ahɔ]
café (m) solúvel	дешаш долу къахьо	[deʃaʃ dɔlu q?ahɔ]

leite (m)	шура	[ʃur]
coquetel (m)	коктейль	[kɔktejlj]
batida (f), milkshake (m)	шурин коктейль	[ʃurɪn kɔktejlj]

| suco (m) | мутта | [mutt] |
| suco (m) de tomate | помидорийн мутта | [pɔmɪdɔrɪːn mutt] |

suco (m) de laranja	апельсинан мутта	[apeljsınan mutt]
suco (m) fresco	керла йаккха мутта	[kerl jakq mutt]
cerveja (f)	йий	[jɪ:]
cerveja (f) clara	сирла йий	[sɪrl jɪ:]
cerveja (f) preta	Iаьржа йий	['ærӡ jɪ:]
chá (m)	чай	[ʧaj]
chá (m) preto	Iаьржа чай	['ærӡ ʧaj]
chá (m) verde	баьццара чай	[bætsar ʧaj]

54. Vegetais

vegetais (m pl)	хасстоьмаш	[hasstømaʃ]
verdura (f)	гIабуц	[ɣabuts]
tomate (m)	помидор	[pɔmɪdɔr]
pepino (m)	наьрс	[nærs]
cenoura (f)	жIонка	[ӡ'ɔnk]
batata (f)	картол	[kartɔl]
cebola (f)	хох	[hoh]
alho (m)	саьрмасекх	[særmaseq]
couve (f)	копаста	[kɔpast]
couve-flor (f)	къорза копаста	[q?ɔrz kɔpast]
couve-de-bruxelas (f)	брюссельски копаста	[brusseljskɪ kɔpast]
brócolis (m pl)	брокколи копаст	[brɔkkɔlɪ kɔpast]
beterraba (f)	бурак	[burak]
berinjela (f)	баклажан	[baklaӡan]
abobrinha (f)	кабачок	[kabaʧok]
abóbora (f)	гIабакх	[ɣabaq]
nabo (m)	хорсам	[horsam]
salsa (f)	чам-буц	[ʧam buts]
endro, aneto (m)	оччам	[oʧam]
alface (f)	салат	[salat]
aipo (m)	сельдерей	[seljderej]
aspargo (m)	спаржа	[sparӡ]
espinafre (m)	шпинат	[ʃpɪnat]
ervilha (f)	кхоьш	[qøʃ]
feijão (~ soja, etc.)	кхоьш	[qøʃ]
milho (m)	хьаьжкIа	[hæӡk']
feijão (m) roxo	кхоь	[qø]
pimentão (m)	бурч	[burʧ]
rabanete (m)	цIен хорсам	[ts'en horsam]
alcachofra (f)	артишок	[artɪʃok]

55. Frutos. Nozes

fruta (f)	стом	[stɔm]
maçã (f)	Iаж	['aӡ]

pera (f)	кхор	[qɔr]
limão (m)	лимон	[lɪmɔn]
laranja (f)	апельсин	[apeljsɪn]
morango (m)	цӀазам	[ts'azam]

tangerina (f)	мандарин	[mandarɪn]
ameixa (f)	хьач	[hatʃ]
pêssego (m)	гӀаммагӀа	[ɣammaɣ]
damasco (m)	туьрк	[tʉrk]
framboesa (f)	комар	[kɔmar]
abacaxi (m)	ананас	[ananas]

banana (f)	банан	[banan]
melancia (f)	хорбаз	[horbaz]
uva (f)	кемсаш	[kemsaʃ]
ginja, cereja (f)	балл	[ball]
melão (m)	гӀабакх	[ɣabaq]

toranja (f)	грейпфрут	[grejpfrut]
abacate (m)	авокадо	[avɔkadɔ]
mamão (m)	папайя	[papaj]
manga (f)	манго	[mangɔ]
romã (f)	гранат	[granat]

groselha (f) vermelha	цӀен кхезарш	[ts'en qezarʃ]
groselha (f) negra	Ӏаьржа кхезарш	['ærʒ qezarʃ]
groselha (f) espinhosa	кӀудалгаш	[k'udalgaʃ]
mirtilo (m)	Ӏаьржа балл	['ærʒ ball]
amora (f) silvestre	мангалкомар	[mangalkɔmar]

passa (f)	кишмаш	[kɪʃmaʃ]
figo (m)	инжир	[ɪnʒɪr]
tâmara (f)	хурма	[hurm]

amendoim (m)	орахис	[ɔrahɪs]
amêndoa (f)	миндаль	[mɪndalj]
noz (f)	бочабӀар	[bɔtʃab'ar]
avelã (f)	хӀунан бӀар	[h'unan bar]
coco (m)	кокосови бӀар	[kɔkɔsɔwɪ b'ar]
pistaches (m pl)	фисташкаш	[fɪstaʃkaʃ]

56. Pão. Bolaria

pastelaria (f)	кхачанан хӀуманаш	[qatʃanan h'umanaʃ]
pão (m)	бепиг	[bepɪg]
biscoito (m), bolacha (f)	пичени	[pɪtʃenɪ]

chocolate (m)	шоколад	[ʃɔkɔlad]
de chocolate	шоколадан	[ʃɔkɔladan]
bala (f)	кемпет	[kempet]
doce (bolo pequeno)	пирожни	[pɪrɔʒnɪ]
bolo (m) de aniversário	торт	[tɔrt]
torta (f)	чуда	[tʃud]
recheio (m)	чуйоьллинарг	[tʃujøllɪnarg]

geleia (m)	варени	[vɑrenɪ]
marmelada (f)	мармелад	[mɑrmelɑd]
wafers (m pl)	вафлеш	[vɑfleʃ]
sorvete (m)	морожени	[mɔrɔʒenɪ]

57. Especiarias

sal (m)	туьха	[tʉh]
salgado (adj)	дуьра	[dʉr]
salgar (vt)	туьха таса	[tʉha tɑs]

pimenta-do-reino (f)	lаьржа бурч	['ærʒ burtʃ]
pimenta (f) vermelha	цlен бурч	[ts'en burtʃ]
mostarda (f)	кlолла	[k'ɔll]
raiz-forte (f)	кlон орам	[k'ɔn ɔrɑm]

condimento (m)	чамбийриг	[tʃɑmbɪːrɪg]
especiaria (f)	мерза юург	[merz ju'urg]
molho (~ inglês)	берам	[berɑm]
vinagre (m)	къонза	[qʔɔnz]

anis estrelado (m)	анис	[ɑnɪs]
manjericão (m)	базилик	[bɑzɪlɪk]
cravo (m)	гвоздика	[gvɔzdɪk]
gengibre (m)	lамбар	['ɑmbɑr]
coentro (m)	кориандр	[kɔrɪɑndr]
canela (f)	корица	[kɔrɪts]

gergelim (m)	кунжут	[kunʒut]
folha (f) de louro	лавран гlа	[lɑvrɑn ɣɑ]
páprica (f)	паприка	[pɑprɪk]
cominho (m)	циц	[tsɪts]
açafrão (m)	шафран	[ʃɑfrɑn]

INFORMAÇÃO PESSOAL. FAMÍLIA

58. Informação pessoal. Formulários

nome (m)	цIе	[ts'e]
sobrenome (m)	фамили	[famɪlɪ]
data (f) de nascimento	вина терахь	[wɪn terah]
local (m) de nascimento	вина меттиг	[wɪn mettɪg]

nacionalidade (f)	къам	[qʔam]
lugar (m) de residência	веха меттиг	[weha mettɪg]
país (m)	мохк	[mɔhk]
profissão (f)	говзалла	[gɔvzall]

sexo (m)	стен-боьршалла	[sten børʃall]
estatura (f)	локхалла	[lɔqall]
peso (m)	дозалла	[dɔzall]

59. Membros da família. Parentes

mãe (f)	нана	[nan]
pai (m)	да	[d]
filho (m)	воI	[vɔʕ]
filha (f)	йоI	[jɔʕ]

caçula (f)	жимаха йоI	[ʒɪmaha jɔʕ]
caçula (m)	жимаха воI	[ʒɪmaha vɔʕ]
filha (f) mais velha	йоккхаха йоI	[jokqaha jɔʕ]
filho (m) mais velho	воккхаха воI	[vɔkqaha vɔʕ]

irmão (m)	ваша	[vaʃ]
irmã (f)	йиша	[jiʃ]

primo (m)	шича	[ʃɪtʃ]
prima (f)	шича	[ʃɪtʃ]
mamãe (f)	нана	[nan]
papai (m)	дада	[dad]
pais (pl)	да-нана	[də nan]
criança (f)	бер	[ber]
crianças (f pl)	бераш	[beraʃ]

avó (f)	баба	[bab]
avô (m)	дада	[dad]
neto (m)	кIентан, йоIан кIант	[k'entan], [jo'an k'ant]
neta (f)	кIентан, йоIан йоI	[k'entan], [jo'an jɔʕ]
netos (pl)	кIентан, йоIан бераш	[k'entan], [jo'an beraʃ]
tio (m)	ден ваша, ненан ваша	[den vaʃ], [nenan vaʃ]
tia (f)	деца, неца	[dets], [nets]

| sobrinho (m) | вешин кӀант, йишин кӀант | [weʃɪn k'ant], [jɪʃɪn k'ant] |
| sobrinha (f) | вешин йоӀ, йишин йоӀ | [weʃɪn joʕ], [jɪʃɪn joʕ] |

sogra (f)	стуннана	[stunnan]
sogro (m)	марда	[mard]
genro (m)	нуц	[nuts]
madrasta (f)	десте	[deste]
padrasto (m)	ненан майра	[nenan majr]

criança (f) de colo	декхаш долу бер	[deqaʃ dɔlu ber]
bebê (m)	бер	[ber]
menino (m)	жиманиг	[ʒɪmanɪg]

mulher (f)	зуда	[zud]
marido (m)	майра	[majr]
esposo (m)	майра	[majr]
esposa (f)	сесаг	[sesag]

casado (adj)	зуда ялийна	[zud jalɪːn]
casada (adj)	марехь	[mareh]
solteiro (adj)	зуда ялоза	[zud jalɔz]
solteirão (m)	зуда йоцург	[zud jotsurg]
divorciado (adj)	йитина	[jɪtɪn]
viúva (f)	жеро	[ʒerɔ]
viúvo (m)	жера-стаг	[ʒer stag]

parente (m)	гергара стаг	[gergar stag]
parente (m) próximo	юххера гергара стаг	[juher gergar stag]
parente (m) distante	генара гергара стаг	[genar gergar stag]
parentes (m pl)	гергара нах	[gergar nah]

órfão (m), órfã (f)	бо	[bɔ]
tutor (m)	верас	[weras]
adotar (um filho)	кӀантан хӀотта	[k'antan h'ɔtt]
adotar (uma filha)	йоьлан да хӀотта	[jø'an da h'ɔtt]

60. Amigos. Colegas de trabalho

amigo (m)	доттагӀ	[dɔttaɣ]
amiga (f)	доттагӀ	[dɔttaɣ]
amizade (f)	доттагӀалла	[dɔttaɣall]
ser amigos	доттагӀалла лело	[dɔttaɣall lelɔ]

amigo (m)	доттагӀ	[dɔttaɣ]
amiga (f)	доттагӀ	[dɔttaɣ]
parceiro (m)	декъашхо	[deq?aʃho]

chefe (m)	куьйгалхо	[kʉjgalho]
superior (m)	хьаькам	[hækam]
subordinado (m)	муьтӀахь верг	[mʉt'ah werg]
colega (m, f)	коллега	[kɔlleg]

| conhecido (m) | вевза стаг | [wevz stag] |
| companheiro (m) de viagem | некъаннакъост | [neq?annaq?ɔst] |

colega (m) de classe	классхо	[klassho]
vizinho (m)	лулахо	[lulaho]
vizinha (f)	лулахо	[lulaho]
vizinhos (pl)	лулахой	[lulahoj]

CORPO HUMANO. MEDICINA

61. Cabeça

cabeça (f)	корта	[kɔrt]
rosto, cara (f)	юьхь	[juh]
nariz (m)	мара	[mar]
boca (f)	бага	[bag]

olho (m)	блаьрга	[b'ærg]
olhos (m pl)	блаьргаш	[b'ærgaʃ]
pupila (f)	йолблаьрг	[jo'b'ærg]
sobrancelha (f)	цӏоцкъам	[ts'ɔtsqʔam]
cílio (f)	бларган неӏларийн чоьш	[b'argan neɣarɪːn tʃøʃ]
pálpebra (f)	блаьрганерӏап	[b'ærganeɣar]

língua (f)	мотт	[mɔtt]
dente (m)	церг	[tserg]
lábios (m pl)	балдаш	[baldaʃ]
maçãs (f pl) do rosto	блаьрадаьлахкаш	[b'æradæ'ahkaʃ]
gengiva (f)	доьлаш	[dølaʃ]
palato (m)	стигал	[stɪgal]

narinas (f pl)	меран ӏуьргаш	[meran 'ʉrgaʃ]
queixo (m)	membро члениг	[tʃ'enɪg]
mandíbula (f)	мочхал	[mɔtʃhal]
bochecha (f)	бесни	[besnɪ]

testa (f)	хьаж	[haʒ]
têmpora (f)	лергаюх	[lergajuh]
orelha (f)	лерг	[lerg]
costas (f pl) da cabeça	кӏесаркӏар	[k'esark'ag]
pescoço (m)	ворта	[vɔrt]
garganta (f)	къамкъарг	[qʔamqʔarg]

cabelo (m)	месаш	[mesaʃ]
penteado (m)	тойина месаш	[tɔjɪn mesaʃ]
corte (m) de cabelo	месаш дӏахедор	[mesaʃ d'ahedɔr]
peruca (f)	парик	[parɪk]

bigode (m)	мекхаш	[meqaʃ]
barba (f)	маж	[maʒ]
ter (~ barba, etc.)	лело	[lelɔ]
trança (f)	кӏажар	[k'aʒar]
suíças (f pl)	бакенбардаш	[bakenbardaʃ]

ruivo (adj)	хьаьрса	[hærs]
grisalho (adj)	къоьжа	[qʔøʒ]
careca (adj)	кӏунзал	[k'unzal]
calva (f)	кӏунзал	[k'unzal]

rabo-de-cavalo (m)	цloга	[ts'ɔg]
franja (f)	кlужал	[k'uʒal]

62. Corpo humano

mão (f)	тlaпa	[t'ar]
braço (m)	куьйг	[kʉjg]

dedo (m)	пlелг	[p'elg]
polegar (m)	нана пlелг	[nan p'elg]
dedo (m) mindinho	цlаза-пlелг	[ts'az p'elg]
unha (f)	мlaпa	[m'ar]

punho (m)	буй	[buj]
palma (f)	кераюкъ	[kerajuq?]
pulso (m)	куьйган хьакхолг	[kʉjgan haqɔlg]
antebraço (m)	пхьарс	[phars]
cotovelo (m)	гола	[gɔl]
ombro (m)	белш	[belʃ]

perna (f)	ког	[kɔg]
pé (m)	коган кlело	[kɔgan k'elɔ]
joelho (m)	гола	[gɔl]
panturrilha (f)	пхьид	[phɪd]
quadril (m)	варе	[vare]
calcanhar (m)	кlaжa	[k'aʒ]

corpo (m)	дерl	[deɣ]
barriga (f), ventre (m)	гай	[gaj]
peito (m)	накха	[naq]
seio (m)	накха	[naq]
lado (m)	aрlo	['aɣɔ]
costas (dorso)	букъ	[buq?]
região (f) lombar	хоттарш	[hottarʃ]
cintura (f)	гlодаюкъ	[ɣɔdajuq?]

umbigo (m)	цlонга	[ts'ɔng]
nádegas (f pl)	хенан маьиг	[henan mæ'ɪg]
traseiro (m)	тlехье	[t'ehe]

sinal (m), pinta (f)	кlеда	[k'ed]
sinal (m) de nascença	минга	[mɪng]
tatuagem (f)	дагар	[dagar]
cicatriz (f)	мо	[mɔ]

63. Doenças

doença (f)	лазар	[lazar]
estar doente	цомгуш хила	[tsɔmguʃ hɪl]
saúde (f)	могушалла	[mɔguʃall]
nariz (m) escorrendo	шелвалар	[ʃelvalar]
amigdalite (f)	ангина	[angɪn]

resfriado (m)	шелдалар	[ʃəldalar]
ficar resfriado	шелдала	[ʃəldal]
bronquite (f)	бронхит	[brɔnhɪt]
pneumonia (f)	пехашна хьу кхетар	[pehaʃn hu qetar]
gripe (f)	грипп	[grɪpp]
míope (adj)	бӀорзагал	[b'ɔrzagal]
presbita (adj)	генара гун	[genar gun]
estrabismo (m)	бӀарӀапа хилар	[b'aɣar hɪlar]
estrábico, vesgo (adj)	бӀарӀапа	[b'aɣar]
catarata (f)	бӀаьрган марха	[b'ærgan marh]
glaucoma (m)	глаукома	[glaukɔm]
AVC (m), apoplexia (f)	инсульт	[ɪnsuljt]
ataque (m) cardíaco	дог датӀап	[dɔg dat'ar]
enfarte (m) do miocárdio	миокардан инфаркт	[mɪɔkardan ɪnfarkt]
paralisia (f)	энаш лацар	[ɛnaʃ latsar]
paralisar (vt)	энаша лаца	[ɛnaʃ lats]
alergia (f)	аллергий	[allergɪː]
asma (f)	астма	[astm]
diabetes (f)	диабет	[dɪabet]
dor (f) de dente	цергийн лазар	[tsergɪːn lazar]
cárie (f)	кариес	[karɪes]
diarreia (f)	диарея	[dɪarej]
prisão (f) de ventre	чо юкъялар	[tʃɔ juq?jalar]
desarranjo (m) intestinal	чохьлазар	[tʃɔhlazar]
intoxicação (f) alimentar	отравлени	[ɔtravlenɪ]
intoxicar-se	кхачанан отравлени	[qatʃanan ɔtravlenɪ]
artrite (f)	артрит	[artrɪt]
raquitismo (m)	рахит-цамгар	[rahɪt tsamgar]
reumatismo (m)	энаш	[ɛnaʃ]
arteriosclerose (f)	атеросклероз	[aterɔsklerɔz]
gastrite (f)	гастрит	[gastrɪt]
apendicite (f)	сов йоьхь дестар	[sɔv jøh destar]
colecistite (f)	холецистит	[holetsɪstɪt]
úlcera (f)	дал	[daʕ]
sarampo (m)	кхартанаш	[qartanaʃ]
rubéola (f)	хьара	[har]
icterícia (f)	маждар	[maʒdar]
hepatite (f)	гепатит	[gepatɪt]
esquizofrenia (f)	шизофрени	[ʃɪzɔfrenɪ]
raiva (f)	хьарадалар	[haradalar]
neurose (f)	невроз	[nevrɔz]
contusão (f) cerebral	хье лазор	[he lazɔr]
câncer (m)	дал	[daʕ]
esclerose (f)	склероз	[sklerɔz]
esclerose (f) múltipla	тидаме доцу	[tɪdame dɔtsu]

alcoolismo (m)	алкоголан цамгар	[alkɔgɔlan tsamgar]
alcoólico (m)	алкоголхо	[alkɔgɔlho]
sífilis (f)	чӀурамцамгар	[tʃ'uramtsamgar]
AIDS (f)	СПИД	[spɪd]
tumor (m)	дестар	[destar]
maligno (adj)	кхераме	[qerame]
benigno (adj)	зуламе доцу	[zulame dɔtsu]
febre (f)	хорша	[horʃ]
malária (f)	хорша	[horʃ]
gangrena (f)	гангрена	[gangren]
enjoo (m)	хӀорд хьахар	[h'ɔrd hahar]
epilepsia (f)	эпилепси	[ɛpɪlepsɪ]
epidemia (f)	ун	[un]
tifo (m)	тиф	[tɪf]
tuberculose (f)	йовхарийн цамгар	[jovharɪːn tsamgar]
cólera (f)	чоьнан ун	[tʃønan un]
peste (f) bubônica	Ӏаьржа ун	['ærʒ un]

64. Sintomas. Tratamentos. Parte 1

sintoma (m)	билгало	[bɪlgalɔ]
temperatura (f)	температура	[temperatur]
febre (f)	лекха температур	[leq temperatur]
pulso (m)	синпха	[sɪnph]
vertigem (f)	корта хьовзар	[kɔrt hɔvzar]
quente (testa, etc.)	довха	[dɔvh]
calafrio (m)	шелона дегадар	[ʃelɔn degadar]
pálido (adj)	беда	[bed]
tosse (f)	йовхарш	[jovharʃ]
tossir (vi)	йовхарш етта	[jovharʃ ett]
espirrar (vi)	хьоршамаш детта	[horʃamaʃ dett]
desmaio (m)	дог вон хилар	[dɔg vɔn hɪlar]
desmaiar (vi)	дог кӀадделла охьавожа	[dɔg k'addell ɔhavɔʒ]
mancha (f) preta	Ӏаpainда	['arʒdarg]
galo (m)	бӀара	[b'ar]
machucar-se (vr)	дӀакхета	[d'aqet]
contusão (f)	дӀатохар	[d'atɔhar]
machucar-se (vr)	дӀакхета	[d'aqet]
mancar (vi)	астагӀлелха	['astaɣlelh]
deslocamento (f)	чуьрдаккхар	[tʃ'urdakqar]
deslocar (vt)	чуьрдаккхар	[tʃ'urdakqar]
fratura (f)	кагдалар	[kagdalar]
fraturar (vt)	кагдар	[kagdar]
corte (m)	хадор	[hadɔr]
cortar-se (vr)	хада	[had]
hemorragia (f)	цӀий эхар	[ts'ɪː ɛhar]

queimadura (f)	дагор	[dagɔr]
queimar-se (vr)	даго	[dagɔ]

picar (vt)	Iотта	['ɔtt]
picar-se (vr)	Iоттадала	['ɔttadal]
lesionar (vt)	лазо	[lazɔ]
lesão (m)	лазор	[lazɔr]
ferida (f), ferimento (m)	чов	[ʧɔv]
trauma (m)	лазор	[lazɔr]

delirar (vi)	харц лен	[harts len]
gaguejar (vi)	толкха лен	[tɔlq len]
insolação (f)	малх хьахар	[malh hahar]

65. Sintomas. Tratamentos. Parte 2

dor (f)	лазар	[lazar]
farpa (no dedo, etc.)	сирхат	[sɪrhat]

suor (m)	хьацар	[hatsar]
suar (vi)	хьацар дала	[hatsar dal]
vômito (m)	Iеттор	['ettɔr]
convulsões (f pl)	пхенаш озор	[phenaʃ ɔzɔr]

grávida (adj)	берахниг	[berahnɪg]
nascer (vi)	хила	[hɪl]
parto (m)	бер хилар	[ber hɪlar]
dar à luz	бер дар	[ber dar]
aborto (m)	аборт	[abɔrt]

respiração (f)	са дахар	[sa dahar]
inspiração (f)	са чуозар	[sa ʧuɔzar]
expiração (f)	са арахецар	[sa arahetsar]
expirar (vi)	са арахеца	[sa arahets]
inspirar (vi)	са чуоза	[sa ʧuɔz]

inválido (m)	заьlапхо	[zæ'apho]
aleijado (m)	заьlапхо	[zæ'apho]
drogado (m)	наркоман	[narkɔman]

surdo (adj)	къора	[q?ɔr]
mudo (adj)	мотт ца хуург	[mɔtt tsa hu'urg]
surdo-mudo (adj)	мотт ца хуург	[mɔtt tsa hu'urg]

louco, insano (adj)	хьерадьалла	[heradʲall]
louco (m)	хьераваьлларг	[heravællarg]
louca (f)	хьерайалларг	[herajallarg]
ficar louco	хьервалар	[hervalar]

gene (m)	ген	[gen]
imunidade (f)	иммунитет	[ɪmmunɪtet]
congênito (adj)	вешшехь хилла	[weʃeh hɪll]
vírus (m)	вирус	[wɪrus]
micróbio (m)	микроб	[mɪkrɔb]

| bactéria (f) | бактери | [bɑkterɪ] |
| infecção (f) | инфекци | [ɪnfektsɪ] |

66. Sintomas. Tratamentos. Parte 3

| hospital (m) | больница | [bɔljnɪts] |
| paciente (m) | пациент | [pɑtsɪent] |

diagnóstico (m)	диагноз	[dɪɑgnɔz]
cura (f)	дарбанаш лелор	[dɑrbɑnɑʃ lelɔr]
tratamento (m) médico	дарба лелор	[dɑrb lelɔr]
curar-se (vr)	дарбанаш лелор	[dɑrbɑnɑʃ lelɔr]
tratar (vt)	дарба лело	[dɑrb lelɔ]
cuidar (pessoa)	лело	[lelɔ]
cuidado (m)	лелор	[lelɔr]

operação (f)	этlор	[ɛtʼɔr]
enfaixar (vt)	дӏадехка	[dʼɑdehk]
enfaixamento (m)	йоьхкург	[jøhkurg]

vacinação (f)	маха тохар	[mɑha tɔhar]
vacinar (vt)	маха тоха	[mɑha tɔh]
injeção (f)	маха тохар	[mɑha tɔhar]
dar uma injeção	маха тоха	[mɑha tɔh]

amputação (f)	ампутаци	[ɑmputɑtsɪ]
amputar (vt)	дӏадаккха	[dʼɑdɑkq]
coma (f)	кома	[kɔm]
estar em coma	коме хила	[kɔme hɪl]
reanimação (f)	реанимаци	[reɑnɪmɑtsɪ]

recuperar-se (vr)	тодала	[tɔdɑl]
estado (~ de saúde)	хьал	[hɑl]
consciência (perder a ~)	кхетам	[qetɑm]
memória (f)	эс	[ɛs]

tirar (vt)	дӏадаккха	[dʼɑdɑkq]
obturação (f)	йома	[jom]
obturar (vt)	йома йилла	[jom jɪll]

| hipnose (f) | гипноз | [gɪpnɔz] |
| hipnotizar (vt) | гипноз ян | [gɪpnɔz jɑn] |

67. Medicina. Drogas. Acessórios

medicamento (m)	молха	[mɔlh]
remédio (m)	дарба	[dɑrb]
receitar (vt)	дайх диена	[dɑjh dɪen]
receita (f)	рецепт	[retsept]

| comprimido (m) | буьртиг | [bʉrtɪg] |
| unguento (m) | хьакхар | [hɑqɑr] |

ampola (f)	ампула	[ampul]
solução, preparado (m)	микстура	[mɪkstur]
xarope (m)	сироп	[sɪrɔp]
cápsula (f)	буьртиг	[bʉrtɪg]
pó (m)	хӏур	[h'ur]
atadura (f)	бинт	[bɪnt]
algodão (m)	бамба	[bamb]
iodo (m)	йод	[jod]
curativo (m) adesivo	белхьам	[belham]
conta-gotas (m)	пипетка	[pɪpetk]
termômetro (m)	градусъюстург	[gradusʔʉsturg]
seringa (f)	маха	[mah]
cadeira (f) de rodas	гӏудалкх	[ɣudalq]
muletas (f pl)	ӏасанаш	['asanaʃ]
analgésico (m)	лаза ца войту молханаш	[laz tsa vɔjtu mɔlhanaʃ]
laxante (m)	чуьйнадохуьйтург	[tʃʉjnadɔhʉjturg]
álcool (m)	спирт	[spɪrt]
ervas (f pl) medicinais	дарбанан буц	[darbanan buts]
de ervas (chá ~)	бецан	[betsan]

APARTAMENTO

68. Apartamento

apartamento (m)	петар	[petɑr]
quarto, cômodo (m)	чоь	[t͡ʃø]
quarto (m) de dormir	дуьйшу чоь	[dʉjʃu t͡ʃø]
sala (f) de jantar	столови	[stɔlɔwɪ]
sala (f) de estar	хьешан цӀа	[heʃɑn ts'ɑ]
escritório (m)	кабинет	[kɑbɪnet]
sala (f) de entrada	сени	[senɪ]
banheiro (m)	ваннан чоь	[vɑnnɑn t͡ʃø]
lavabo (m)	хьаштагӀа	[hɑʃtɑɣ]
teto (m)	тхов	[thov]
chão, piso (m)	цӀенкъа	[ts'enq7]
canto (m)	са	[s]

69. Mobiliário. Interior

mobiliário (m)	мебель	[mebelj]
mesa (f)	стол	[stɔl]
cadeira (f)	гӀант	[ɣɑnt]
cama (f)	маьнга	[mæng]
sofá, divã (m)	диван	[dɪvɑn]
poltrona (f)	кресло	[kreslɔ]
estante (f)	шкаф	[ʃkɑf]
prateleira (f)	терхи	[terhɪ]
guarda-roupas (m)	шкаф	[ʃkɑf]
cabide (m) de parede	бедаршъухкург	[bedɑrʃ7uhkurg]
cabideiro (m) de pé	бедаршъухкург	[bedɑrʃ7uhkurg]
cômoda (f)	комод	[kɔmɔd]
mesinha (f) de centro	журналан стол	[ʒurnɑlɑn stɔl]
espelho (m)	куьзга	[kʉzg]
tapete (m)	куз	[kuz]
tapete (m) pequeno	кузан цуьрг	[kuzɑn t͡sʉrg]
lareira (f)	товха	[tɔvh]
vela (f)	чӀурам	[t͡ʃ'urɑm]
castiçal (m)	чӀурамхӀоттарг	[t͡ʃ'urɑmhɔttɔrg]
cortinas (f pl)	штораш	[ʃtɔrɑʃ]
papel (m) de parede	обойш	[ɔbɔjʃ]

persianas (f pl)	жалюзаш	[ʒɑlɯzɑʃ]
luminária (f) de mesa	стоьла тle хlотто лампа	[støl t'e h'ɔttɔ lɑmp]
luminária (f) de parede	къуьда	[q?ɯd]
abajur (m) de pé	торшер	[tɔrʃər]
lustre (m)	люстра	[lɯstr]

pé (de mesa, etc.)	ког	[kɔg]
braço, descanso (m)	гoлаrlортоrг	[gɔlɑɣɔrtɔrg]
costas (f pl)	букъ	[buq?]
gaveta (f)	яьшка	[jæʃk]

70. Quarto de dormir

roupa (f) de cama	чухулаюху хlуманаш	[tʃuhulɑjuhu h'umɑnɑʃ]
travesseiro (m)	гlайба	[ɣɑjb]
fronha (f)	лоччар	[lɔtʃɑr]
cobertor (m)	юprla	[jurɣ]
lençol (m)	шаршу	[ʃɑrʃu]
colcha (f)	меттан шаршу	[mettɑn ʃɑrʃu]

71. Cozinha

cozinha (f)	кухни	[kuhnɪ]
gás (m)	газ	[gɑz]
fogão (m) a gás	газан плита	[gɑzɑn plɪt]
fogão (m) elétrico	электрически плита	[ɛlektrɪtʃeskɪ plɪt]
forno (m)	духовка	[duhovk]
forno (m) de micro-ondas	микроволнови пеш	[mɪkrɔvɔlnɔwɪ peʃ]

geladeira (f)	шелиг	[ʃelɪg]
congelador (m)	морозильник	[mɔrɔzɪljnɪk]
máquina (f) de lavar louça	пхьеrlаш йулу машина	[pheɣɑʃ julu mɑʃɪn]

moedor (m) de carne	жижигъохьург	[ʒɪʒɪg?ɔhurg]
espremedor (m)	муттадоккхург	[muttɑdɔkqurg]
torradeira (f)	тостер	[tɔster]
batedeira (f)	миксер	[mɪkser]

máquina (f) de café	къахьокхехкорг	[q?ɑhɔqehkɔrg]
cafeteira (f)	къахьокхехкорг	[q?ɑhɔqehkɔrg]
moedor (m) de café	къахьоахьарг	[q?ɑhɔɑhɑrg]

chaleira (f)	чайник	[tʃɑjnɪk]
bule (m)	чайник	[tʃɑjnɪk]
tampa (f)	неrlап	[neɣɑr]
coador (m) de chá	цаца	[tsɑts]

colher (f)	lайг	['ɑjg]
colher (f) de chá	стаканан lайг	[stɑkɑnɑn 'ɑjg]
colher (f) de sopa	аьчка lайг	['ætʃk 'ɑjg]
garfo (m)	мlара	[m'ɑr]
faca (f)	урс	[urs]

louça (f)	пхьерlаш	[pheɣaʃ]
prato (m)	бошхап	[boʃhap]
pires (m)	бошхап	[boʃhap]
cálice (m)	рюмка	[rʉmk]
copo (m)	стака	[stɑk]
xícara (f)	кад	[kɑd]
açucareiro (m)	шекардухкург	[ʃəkɑrduhkurg]
saleiro (m)	туьхадухкург	[tʉhaduhkurg]
pimenteiro (m)	бурчъюхкург	[burʧʔʉhkurg]
manteigueira (f)	даьттадуьллург	[dættadʉllurg]
panela (f)	яй	[jɑj]
frigideira (f)	зайла	[zɑjl]
concha (f)	чами	[ʧɑmɪ]
coador (m)	луьттар	[lʉttɑr]
bandeja (f)	хедар	[hedɑr]
garrafa (f)	шиша	[ʃɪʃ]
pote (m) de vidro	банка	[bɑnk]
lata (~ de cerveja)	банка	[bɑnk]
abridor (m) de garrafa	схьадоьллург	[shadøllurg]
abridor (m) de latas	схьадоьллург	[shadøllurg]
saca-rolhas (m)	штопор	[ʃtɔpɔr]
filtro (m)	луьттург	[lʉtturg]
filtrar (vt)	литта	[lɪtt]
lixo (m)	нехаш	[nehaʃ]
lixeira (f)	нехийн ведар	[nehɪːn wedɑr]

72. Casa de banho

banheiro (m)	ваннан чоь	[vɑnnɑn ʧø]
água (f)	хи	[hɪ]
torneira (f)	кран	[krɑn]
água (f) quente	довха хи	[dɔvha hɪ]
água (f) fria	шийла хи	[ʃɪːl hɪ]
pasta (f) de dente	цергийн паста	[tsergɪːn pɑst]
escovar os dentes	цергаш цlанъян	[tsergaʃ ts'an?jɑn]
barbear-se (vr)	даша	[dɑʃ]
espuma (f) de barbear	чопа	[ʧɔp]
gilete (f)	урс	[urs]
lavar (vt)	дила	[dɪl]
tomar banho	дила	[dɪl]
chuveiro (m), ducha (f)	душ	[duʃ]
tomar uma ducha	лийча	[lɪːʧ]
banheira (f)	ванна	[vɑn]
vaso (m) sanitário	унитаз	[unɪtɑz]

pia (f)	раковина	[rakɔwɪn]
sabonete (m)	саба	[sab]
saboneteira (f)	сабадуьллург	[sabadullurg]

esponja (f)	худург	[hudurg]
xampu (m)	шампунь	[ʃampunj]
toalha (f)	гата	[gat]
roupão (m) de banho	оба	[ɔb]

lavagem (f)	диттар	[dɪttar]
lavadora (f) de roupas	хlуманаш юьтту машина	[h'umanaʃ juttu maʃɪn]
lavar a roupa	чухулаюху хlуманаш йитта	[ʧuhulajuhu h'umanaʃ jɪtt]
detergente (m)	хlуманаш юьтту порошок	[h'umanaʃ juttu pɔrɔʃɔk]

73. Eletrodomésticos

televisor (m)	телевизор	[telewɪzɔr]
gravador (m)	магнитофон	[magnɪtɔfɔn]
videogravador (m)	видеомагнитофон	[wɪdeomagnɪtɔfɔn]
rádio (m)	приёмник	[prɪ'ɔmnɪk]
leitor (m)	плеер	[plɛ'er]

projetor (m)	видеопроектор	[wɪdeoprɔektɔr]
cinema (m) em casa	цlахь лело кинотеатр	[ʦ'ah lelɔ kɪnɔteatr]
DVD Player (m)	DVD гойтург	[dɪwɪdɪ gɔjturg]
amplificador (m)	чlарlдийриг	[ʧ'aɣdɪːrɪg]
console (f) de jogos	ловзаран приставка	[lɔvzaran prɪstavk]

câmera (f) de vídeo	видеокамера	[wɪdeokamer]
máquina (f) fotográfica	фотоаппарат	[fotɔapparat]
câmera (f) digital	цифровой фотоаппарат	[ʦɪfrɔvɔj fotɔapparat]

aspirador (m)	чанъузург	[ʧanʔuzurg]
ferro (m) de passar	иту	[ɪtu]
tábua (f) de passar	иту хьокху у	[ɪtu hɔqu u]

telefone (m)	телефон	[telefɔn]
celular (m)	мобильни телефон	[mɔbɪljnɪ telefɔn]
máquina (f) de escrever	зорба туху машина	[zɔrb tuhu maʃɪn]
máquina (f) de costura	чарх	[ʧarh]

microfone (m)	микрофон	[mɪkrɔfɔn]
fone (m) de ouvido	ладуrlургаш	[laduɣurgaʃ]
controle remoto (m)	пульт	[puljt]

CD (m)	компакт-диск	[kɔmpakt dɪsk]
fita (f) cassete	кассета	[kasset]
disco (m) de vinil	пластинка	[plastɪnk]

A TERRA. TEMPO

74. Espaço sideral

espaço, cosmo (m)	космос	[kɔsmɔs]
espacial, cósmico (adj)	космосан	[kɔsmɔsɑn]
espaço (m) cósmico	космосан меттиг	[kɔsmɔsɑn mettɪg]
mundo (m)	дуьне	[dɵne]
universo (m)	Ӏалам	['ɑlɑm]
galáxia (f)	галактика	[gɑlɑktɪk]
estrela (f)	седа	[sed]
constelação (f)	седарчий гулам	[sedɑrʧɪː gulɑm]
planeta (m)	дуьне	[dɵne]
satélite (m)	спутник	[sputnɪk]
meteorito (m)	метеорит	[meteɔrɪt]
cometa (m)	комета	[kɔmet]
asteroide (m)	астероид	[ɑsterɔɪd]
órbita (f)	орбита	[ɔrbɪt]
girar (vi)	хьийза	[hɪːz]
atmosfera (f)	хӀаваъ	[h'ɑvɑʔ]
Sol (m)	Малх	[mɑlh]
Sistema (m) Solar	Маьлхан система	[mælhɑn sɪstem]
eclipse (m) solar	малх лацар	[mɑlh lɑʦɑr]
Terra (f)	Латта	[lɑtt]
Lua (f)	Бутт	[butt]
Marte (m)	Марс	[mɑrs]
Vênus (f)	Венера	[wener]
Júpiter (m)	Юпитер	[jupɪter]
Saturno (m)	Сатурн	[sɑturn]
Mercúrio (m)	Меркурий	[merkurɪː]
Urano (m)	Уран	[urɑn]
Netuno (m)	Нептун	[neptun]
Plutão (m)	Плутон	[plutɔn]
Via Láctea (f)	Ча такхийна Тача	[ʧɑ tɑqɪːn tɑʧ]
Ursa Maior (f)	Ворх1 вешин ворх1 седа	[vɔrh weʃɪn vɔrh sed]
Estrela Polar (f)	Къилбаседа	[qʔɪlbɑsed]
marciano (m)	марсианин	[mɑrsɪɑnɪn]
extraterrestre (m)	инопланетянин	[ɪnɔplɑnet'ɑnɪn]
alienígena (m)	пришелец	[prɪʃeleʦ]

disco (m) voador	хlаваэхула лела тарелка	[h'avaɛhul lel tarelk]
espaçonave (f)	космосан кема	[kɔsmɔsan kem]
estação (f) orbital	орбитин станци	[ɔrbɪtɪn stantsɪ]
lançamento (m)	старт	[start]
motor (m)	двигатель	[dwɪgatelj]
bocal (m)	сопло	[sɔplɔ]
combustível (m)	ягорг	[jagɔrg]
cabine (f)	кабина	[kabɪn]
antena (f)	антенна	[anten]
vigia (f)	иллюминатор	[ɪllʉmɪnatɔr]
bateria (f) solar	маьлхан батарей	[mælhan batarej]
traje (m) espacial	скафандр	[skafandr]
imponderabilidade (f)	йозалла яр	[jozall jar]
oxigênio (m)	кислород	[kɪslɔrɔd]
acoplagem (f)	вовшахтасар	[vovʃahtasar]
fazer uma acoplagem	вовшахтасса	[vovʃahtass]
observatório (m)	обсерватори	[ɔbservatɔrɪ]
telescópio (m)	телескоп	[teleskɔp]
observar (vt)	тергам бан	[tergam ban]
explorar (vt)	талла	[tall]

75. A Terra

Terra (f)	Латта	[latt]
globo terrestre (Terra)	дуьне	[dʉne]
planeta (m)	дуьне, планета	[dʉne], [planet]
atmosfera (f)	атмосфера	[atmɔsfer]
geografia (f)	географи	[geɔgrafɪ]
natureza (f)	lалам	['alam]
globo (mapa esférico)	глобус	[glɔbus]
mapa (m)	карта	[kart]
atlas (m)	атлас	[atlas]
Europa (f)	Европа	[evrɔp]
Ásia (f)	Ази	[azɪ]
África (f)	Африка	[afrɪk]
Austrália (f)	Австрали	[avstralɪ]
América (f)	Америка	[amerɪk]
América (f) do Norte	Къилбаседан Америка	[q?ɪlbasedan amerɪk]
América (f) do Sul	Къилбера Америка	[q?ɪlber amerɪk]
Antártida (f)	Антарктида	[antarktɪd]
Ártico (m)	Арктика	[arktɪk]

76. Pontos cardeais

norte (m)	къилбаседа	[qʔɪbased]
para norte	къилбаседехьа	[qʔɪbasedeh]
no norte	къилбаседехь	[qʔɪbasedeh]
do norte (adj)	къилбаседан	[qʔɪbasedan]
sul (m)	къилбе	[qʔɪbe]
para sul	къилбехьа	[qʔɪbeh]
no sul	къилбехь	[qʔɪbeh]
do sul (adj)	къилбера	[qʔɪber]
oeste, ocidente (m)	малхбузе	[malhbuze]
para oeste	малхбузехьа	[malhbuzeh]
no oeste	малхбузехь	[malhbuzeh]
ocidental (adj)	малхбузера	[malhbuzer]
leste, oriente (m)	малхбале	[malhbale]
para leste	малхбалехьа	[malhbaleh]
no leste	малхбалехь	[malhbaleh]
oriental (adj)	малхбалехьара	[malhbalehar]

77. Mar. Oceano

mar (m)	хӏорд	[hʼɔrd]
oceano (m)	хӏорд, океан	[hʼɔrd], [ɔkean]
golfo (m)	айма	[ajm]
estreito (m)	хидоькъе	[hɪdøqʔe]
terra (f) firme	латта	[latt]
continente (m)	материк	[materɪk]
ilha (f)	гӏайре	[ɣajre]
península (f)	ахгӏайре	[ˈahɣajre]
arquipélago (m)	архипелаг	[arhɪpelag]
baía (f)	бухта	[buht]
porto (m)	гавань	[gavanj]
lagoa (f)	лагуна	[lagun]
cabo (m)	мара	[mar]
atol (m)	атолл	[atɔll]
recife (m)	риф	[rɪf]
coral (m)	маржак	[marʒak]
recife (m) de coral	маржанийн риф	[marʒanɪːn rɪf]
profundo (adj)	кӏоарга	[kʼɔarg]
profundidade (f)	кӏоргалла	[kʼɔrgall]
abismo (m)	бух боцу ӏин	[buh bɔtsu ʼɪn]
fossa (f) oceânica	кӏаг	[kʼag]
corrente (f)	дӏаэхар	[dʼaəhar]
banhar (vt)	го баьккхина хи хила	[gɔ bækqɪn hɪ hɪl]
litoral (m)	хийист	[hɪːɪst]

costa (f)	йист	[jɪst]
maré (f) alta	хӏорд тӏекхетар	[h'ɔrd t'eqetar]
refluxo (m)	хӏорд чубожа боьлла	[h'ɔrd ʧubɔʒ bøll]
restinga (f)	гомхе	[gɔmhe]
fundo (m)	бух	[buh]

onda (f)	тулгӏе	[tulɣe]
crista (f) da onda	тулгӏийн дукъ	[tulɣɪːn duqʔ]
espuma (f)	чопа	[ʧɔp]

tempestade (f)	дарц	[darʦ]
furacão (m)	мох балар	[mɔh balar]
tsunami (m)	цунами	[ʦunamɪ]
calmaria (f)	штиль	[ʃtɪlj]
calmo (adj)	тийна	[tɪːn]

polo (m)	полюс	[pɔlʉs]
polar (adj)	полюсан	[pɔlʉsan]

latitude (f)	шоралла	[ʃɔrall]
longitude (f)	дохалла	[dɔhall]
paralela (f)	параллель	[parallelj]
equador (m)	экватор	[ɛkvatɔr]

céu (m)	дуьне	[dʉne]
horizonte (m)	ана	[an]
ar (m)	хӏаваъ	[h'avaʔ]

farol (m)	маяк	[majak]
mergulhar (vi)	чулелха	[ʧulelh]
afundar-se (vr)	бухадаха	[buhadah]
tesouros (m pl)	хазна	[hazn]

78. Nomes de Mares e Oceanos

Oceano (m) Atlântico	Атлантически хӏорд	['atlantɪʧeskɪ h'ɔrd]
Oceano (m) Índico	Индихойн хӏорд	[ɪndɪhojn h'ɔrd]
Oceano (m) Pacífico	Тийна хӏорд	[tɪːn h'ɔrd]
Oceano (m) Ártico	Къилбаседанан Шен хӏорд	[qʔɪlbasedanan ʃɛn h'ɔrd]

Mar (m) Negro	Ӏаьржа хӏорд	['ærʒ hɔrd]
Mar (m) Vermelho	Цӏен хӏорд	[ʦ'en h'ɔrd]
Mar (m) Amarelo	Можа хӏорд	[mɔʒ h'ɔrd]
Mar (m) Branco	Кӏайн хӏорд	[k'ajn h'ɔrd]

Mar (m) Cáspio	Каспи хӏорд	[kaspɪ h'ɔrd]
Mar (m) Morto	Са доцу хӏорд	[sa dɔtsu h'ɔrd]
Mar (m) Mediterrâneo	Средиземни хӏорд	[sredɪzemnɪ h'ɔrd]

Mar (m) Egeu	Эгейски хӏорд	[ɛgejskɪ h'ɔrd]
Mar (m) Adriático	Адреатиӏчески хӏорд	['adreatɪʧeskɪ hɔrd]
Mar (m) Arábico	Аравийски хӏорд	['aravɪːskɪ h'ɔrd]
Mar (m) do Japão	Японийн хӏорд	[japɔnɪːn h'ɔrd]

Mar (m) de Bering	Берингово хӏорд	[berɪngɔvɔ h'ɔrd]
Mar (m) da China Meridional	Къилба-Китайн хӏорд	[q?ɪlb kɪtajn h'ɔrd]
Mar (m) de Coral	Маржанийн хӏорд	[marʒanɪːn h'ɔrd]
Mar (m) de Tasman	Тасманово хӏорд	[tasmanɔvɔ h'ɔrd]
Mar (m) do Caribe	Карибски хӏорд	[karɪbskɪ h'ɔrd]
Mar (m) de Barents	Баренцово хӏорд	[barentsɔvɔ h'ɔrd]
Mar (m) de Kara	Карски хӏорд	[karskɪ h'ɔrd]
Mar (m) do Norte	Къилбаседан хӏорд	[q?ɪlbasedan h'ɔrd]
Mar (m) Báltico	Балтийски хӏорд	[baltɪːskɪ h'ɔrd]
Mar (m) da Noruega	Норвержски хӏорд	[nɔrwerʒskɪ h'ɔrd]

79. Montanhas

montanha (f)	лам	[lam]
cordilheira (f)	ламнийн морӏа	[lamnɪːn mɔɣ]
serra (f)	ламанан дукъ	[lamanan duq?]
cume (m)	бохь	[bɔh]
pico (m)	бохь	[bɔh]
pé (m)	кӏажа	[k'aʒ]
declive (m)	басе	[base]
vulcão (m)	тӏаплам	[t'aplam]
vulcão (m) ativo	тӏепинг	[t'epɪng]
vulcão (m) extinto	байна тӏаплам	[bajn t'aplam]
erupção (f)	хьалатохар	[halatɔhar]
cratera (f)	кратер	[krater]
magma (m)	магма	[magm]
lava (f)	лава	[lav]
fundido (lava ~a)	цӏийдина	[ts'ɪːdɪn]
cânion, desfiladeiro (m)	ӏин	['ɪn]
garganta (f)	чӏож	[tʃ'ɔʒ]
fenda (f)	чӏаж	[tʃ'aʒ]
passo, colo (m)	ламанан дукъ	[lamanan duq?]
planalto (m)	акъари	['aq?arɪ]
falésia (f)	тарх	[tarh]
colina (f)	гу	[gu]
geleira (f)	ша-ор	[ʃa ɔr]
cachoeira (f)	чухчари	[tʃuhtʃarɪ]
gêiser (m)	гейзер	[gejzer]
lago (m)	ӏам	['am]
planície (f)	аре	[are]
paisagem (f)	пейзаж	[pejzaʒ]
eco (m)	йилбазмохь	[jɪlbazmɔh]
alpinista (m)	алтпинист	[altpɪnɪst]
escalador (m)	тархашхо	[tarhaʃho]

| conquistar (vt) | карадало | [karadalɔ] |
| subida, escalada (f) | тӀедалар | [t'edalar] |

80. Nomes de montanhas

Alpes (m pl)	Альпаш	[aljpaʃ]
Monte Branco (m)	Монблан	[mɔnblan]
Pirineus (m pl)	Пиренеи	[pɪreneɪ]

Cárpatos (m pl)	Карпаташ	[karpataʃ]
Urais (m pl)	Уралан лаьмнаш	[uralan læmnaʃ]
Cáucaso (m)	Кавказ	[kavkaz]
Elbrus (m)	Эльбрус	[ɛljbrus]

Altai (m)	Алтай	[altaj]
Tian Shan (m)	Тянь-Шань	[t'anj ʃanj]
Pamir (m)	Памир	[pamɪr]
Himalaia (m)	Гималаи	[gɪmalaɪ]
monte Everest (m)	Эверест	[ɛwerest]

| Cordilheira (f) dos Andes | Анднаш | [andnaʃ] |
| Kilimanjaro (m) | Килиманджаро | [kɪlɪmandʒarɔ] |

81. Rios

rio (m)	доьду хи	[dødu hɪ]
fonte, nascente (f)	хьост, шовда	[hɔst], [ʃɔvd]
leito (m) de rio	харш	[harʃ]
bacia (f)	бассейн	[bassejn]
desaguar no ...	кхета	[qet]

| afluente (m) | га | [g] |
| margem (do rio) | хийист | [hɪːɪst] |

corrente (f)	дӀаэхар	[d'aəhar]
rio abaixo	хица охьа	[hɪts ɔh]
rio acima	хица хьала	[hɪts hal]

inundação (f)	хи тӀедалар	[hɪ t'edalar]
cheia (f)	дестар	[destar]
transbordar (vi)	деста	[dest]
inundar (vt)	дӀахьулдан	[d'ahuldan]

| banco (m) de areia | гомхалла | [gɔmhall] |
| corredeira (f) | тарх | [tarh] |

barragem (f)	сунт	[sunt]
canal (m)	татол	[tatɔl]
reservatório (m) de água	латтийла	[lattɪːl]
eclusa (f)	шлюз	[ʃlʉz]
corpo (m) de água	Ӏам	['am]
pântano (m)	уьшал	[ʉʃal]

| lamaçal (m) | уьшал | [ʉʃɑl] |
| redemoinho (m) | айма | [ɑjm] |

riacho (m)	татол	[tatɔl]
potável (adj)	молу	[mɔlu]
doce (água)	теза	[tez]

| gelo (m) | ша | [ʃ] |
| congelar-se (vr) | ша бан | [ʃa ban] |

82. Nomes de rios

| rio Sena (m) | Сена | [sen] |
| rio Loire (m) | Луара | [luɑr] |

rio Tâmisa (m)	Темза	[temz]
rio Reno (m)	Рейн	[rejn]
rio Danúbio (m)	Дунай	[dunɑj]

rio Volga (m)	Волга	[vɔlg]
rio Don (m)	Дон	[dɔn]
rio Lena (m)	Лена	[len]

rio Amarelo (m)	Хуанхэ	[huɑnhɛ]
rio Yangtzé (m)	Янцзы	[jɑntszɪ]
rio Mekong (m)	Меконг	[mekɔng]
rio Ganges (m)	Ганг	[gɑng]

rio Nilo (m)	Нил	[nɪl]
rio Congo (m)	Конго	[kɔngɔ]
rio Cubango (m)	Окаванго	[ɔkavɑngɔ]
rio Zambeze (m)	Замбези	[zɑmbezɪ]
rio Limpopo (m)	Лимпопо	[lɪmpɔpɔ]
rio Mississippi (m)	Миссисипи	[mɪssɪsɪpɪ]

83. Floresta

| floresta (f), bosque (m) | хьун | [hun] |
| florestal (adj) | хьунан | [hunɑn] |

mata (f) fechada	варш	[vɑrʃ]
arvoredo (m)	боьлак	[bølɑk]
clareira (f)	ирзу	[ɪrzu]

| matagal (m) | коьллаш | [køllɑʃ] |
| mato (m), caatinga (f) | колл | [kɔll] |

| pequena trilha (f) | тача | [tatʃ] |
| ravina (f) | боьра | [bør] |

| árvore (f) | дитт | [dɪtt] |
| folha (f) | гӀа | [ɣɑ] |

folhagem (f)	гӏаш	[ɣaʃ]
queda (f) das folhas	гӏа дожар	[ɣa dɔʒar]
cair (vi)	охьа дожа	[ɔh dɔʒ]
topo (m)	бохь	[bɔh]

ramo (m)	га	[g]
galho (m)	га	[g]
botão (m)	патар	[patar]
agulha (f)	кӏохцалг	[k'ɔhtsalg]
pinha (f)	бӏар	[b'ar]

buraco (m) de árvore	хара	[har]
ninho (m)	бен	[ben]
toca (f)	ӏуьрг	['ʉrg]

tronco (m)	гӏад	[ɣad]
raiz (f)	орам	[ɔram]
casca (f) de árvore	кевстиг	[kevstɪg]
musgo (m)	корсам	[kɔrsam]

arrancar pela raiz	бухдаккха	[buhdakq]
cortar (vt)	хьакха	[haq]
desflorestar (vt)	хьакха	[haq]
toco, cepo (m)	юьхк	[juhk]

fogueira (f)	цӏе	[ts'e]
incêndio (m) florestal	цӏе	[ts'e]
apagar (vt)	дӏадайа	[d'adaj]

guarda-parque (m)	хьуьнхо	[hʉnhɔ]
proteção (f)	лардар	[lardar]
proteger (a natureza)	лардан	[lardan]
caçador (m) furtivo	браконьер	[brakɔnjer]
armadilha (f)	гура	[gur]

| colher (cogumelos, bagas) | лахьо | [lahɔ] |
| perder-se (vr) | тила | [tɪl] |

84. Recursos naturais

recursos (m pl) naturais	ӏаламан тӏаьхьалонаш	['alaman t'æhalɔnaʃ]
minerais (m pl)	пайде маьӏданаш	[pajde mæ'danaʃ]
depósitos (m pl)	маьӏданаш	[mæ'danaʃ]
jazida (f)	маьӏданаш дохку	[mæ'danaʃ dɔhku]

extrair (vt)	даккха	[dakq]
extração (f)	даккхар	[dakqar]
minério (m)	маьӏда	[mæ'd]
mina (f)	маьӏда доккхийла, шахта	[mæ'd dɔkqɪːl], [ʃaht]
poço (m) de mina	шахта	[ʃaht]
mineiro (m)	кӏорабаккхархо	[k'ɔrabakqarhɔ]

| gás (m) | газ | [gaz] |
| gasoduto (m) | газъюььгург | [gaz?ʉgurg] |

petróleo (m)	нефть	[neftʲ]
oleoduto (m)	нефтьузург	[neftʲuzurg]
poço (m) de petróleo	нефтан чардакх	[neftan ʧardaq]
torre (f) petrolífera	буру туху вышка	[buru tuhu vɪʃk]
petroleiro (m)	танкер	[tanker]

areia (f)	гӏум	[ɣum]
calcário (m)	кир-маьда	[kɪr mæ'd]
cascalho (m)	жагӏа	[ʒaɣ]
turfa (f)	lexa	['eh]
argila (f)	поппар	[pɔppar]
carvão (m)	кӏора	[k'ɔr]

ferro (m)	эчиг	[ɛʧɪg]
ouro (m)	деши	[deʃɪ]
prata (f)	дети	[detɪ]
níquel (m)	никель	[nɪkelj]
cobre (m)	цӏаста	[ʦ'ast]

zinco (m)	цинк	[ʦɪnk]
manganês (m)	марганец	[marganeʦ]
mercúrio (m)	гинсу	[gɪnsu]
chumbo (m)	даш	[daʃ]

mineral (m)	минерал	[mɪneral]
cristal (m)	кристалл	[krɪstall]
mármore (m)	шагатӏулг	[ʃagat'ulg]
urânio (m)	уран	[uran]

85. Tempo

tempo (m)	хенан хӏоттам	[henan h'ɔttam]
previsão (f) do tempo	хенан хӏоттаман прогноз	[henan h'ɔttaman prɔgnɔz]
temperatura (f)	температура	[temperatur]
termômetro (m)	термометр	[termɔmetr]
barômetro (m)	барометр	[barɔmetr]

umidade (f)	тӏуьнан	[t'ʉnan]
calor (m)	йовхо	[jovho]
tórrido (adj)	довха	[dɔvh]
está muito calor	йовха	[jovh]

| está calor | йовха | [jovh] |
| quente (morno) | довха | [dɔvh] |

| está frio | шийла | [ʃɪ:l] |
| frio (adj) | шийла | [ʃɪ:l] |

sol (m)	малх	[malh]
brilhar (vi)	кхета	[qet]
de sol, ensolarado	маьлхан	[mælhan]
nascer (vi)	схьакхета	[shaqet]
pôr-se (vr)	чубуза	[ʧubuz]
nuvem (f)	марха	[marh]

nublado (adj)	мархаш йолу	[marhaʃ jolu]
nuvem (f) preta	марха	[marh]
escuro, cinzento (adj)	кхоьлина	[qølɪn]

chuva (f)	догІа	[doɣ]
está a chover	догІа догІу	[doɣ doɣu]
chuvoso (adj)	догІане	[doɣane]
chuviscar (vi)	серса	[sers]

chuva (f) torrencial	кхевсина догІа	[qevsɪn doɣ]
aguaceiro (m)	догІа	[doɣ]
forte (chuva, etc.)	чІогІа	[tʃˀoɣ]
poça (f)	Іам	[ˀam]
molhar-se (vr)	тІадо	[t'ado]

nevoeiro (m)	дохк	[dohk]
de nevoeiro	дохк долу	[dohk dolu]
neve (f)	ло	[lo]
está nevando	ло догІу	[lo doɣu]

86. Tempo extremo. Catástrofes naturais

trovoada (f)	йочана	[jotʃan]
relâmpago (m)	ткъес	[tq?es]
relampejar (vi)	стега	[steg]

trovão (m)	стигал къовкъар	[stɪgal q?ovq?ar]
trovejar (vi)	къекъа	[q?eq?]
está trovejando	стигал къекъа	[stɪgal q?eq?]

| granizo (m) | къора | [q?or] |
| está caindo granizo | къора йогІу | [q?or joɣu] |

| inundar (vt) | дІахьулдан | [d'ahuldan] |
| inundação (f) | хи тІедалар | [hɪ t'edalar] |

terremoto (m)	мохк бегор	[mohk begor]
abalo, tremor (m)	дегар	[degar]
epicentro (m)	эпицентр	[ɛpɪtsentr]

| erupção (f) | хьалатохар | [halatohar] |
| lava (f) | лава | [lav] |

tornado (m)	йилбазмох	[jɪlbazmoh]
tornado (m)	торнадо	[tornado]
tufão (m)	тайфун	[tajfun]

furacão (m)	мох балар	[moh balar]
tempestade (f)	дарц	[darts]
tsunami (m)	цунами	[tsunamɪ]

ciclone (m)	дарц	[darts]
mau tempo (m)	йочана	[jotʃan]
incêndio (m)	цІе	[ts'e]

| catástrofe (f) | катастрофа | [katastrɔf] |
| meteorito (m) | метеорит | [meteɔrɪt] |

avalanche (f)	хьаьтт	[hætt]
deslizamento (m) de neve	чухарцар	[ʧuhartsar]
nevasca (f)	дарц	[darts]
tempestade (f) de neve	дарц	[darts]

FAUNA

87. Mamíferos. Predadores

predador (m)	гlира экха	[ɣɪr ɛq]
tigre (m)	цlоькъалом	[ts'øqʔalɔm]
leão (m)	лом	[lɔm]
lobo (m)	борз	[bɔrz]
raposa (f)	цхьогал	[tshɔgal]
jaguar (m)	ягуар	[jaguar]
leopardo (m)	леопард	[leɔpard]
chita (f)	гепард	[gepard]
pantera (f)	пантера	[panter]
puma (m)	пума	[pum]
leopardo-das-neves (m)	лайн цlокъ	[lajn ts'ɔqʔ]
lince (m)	акха цициг	[aq tsɪtsɪg]
coiote (m)	койот	[kɔjot]
chacal (m)	чаг1алкх	[ʧaɣalq]
hiena (f)	чаг1алкх	[ʧaɣalq]

88. Animais selvagens

animal (m)	дийнат	[dɪːnat]
besta (f)	экха	[ɛq]
esquilo (m)	тарсал	[tarsal]
ouriço (m)	зу	[zu]
lebre (f)	пхьагал	[phagal]
coelho (m)	кролик	[krɔlɪk]
texugo (m)	далам	[daˈam]
guaxinim (m)	акха жlаьла	[ˈaq ʒˈæl]
hamster (m)	оьпа	[øp]
marmota (f)	дlам	[dˈam]
toupeira (f)	боьлкъазар	[bølqʔazar]
rato (m)	дахка	[dahk]
ratazana (f)	мукадахка	[mukadahk]
morcego (m)	бирдолаг	[bɪrdɔlag]
arminho (m)	горностай	[gɔrnɔstaj]
zibelina (f)	салор	[salɔr]
marta (f)	салор	[salɔr]
doninha (f)	дингад	[dɪngad]
visom (m)	норка	[nɔrk]

| castor (m) | бобр | [bɔbr] |
| lontra (f) | хешт | [heʃt] |

cavalo (m)	говр	[gɔvr]
alce (m)	боккха сай	[bɔkq sɑj]
veado (m)	сай	[sɑj]
camelo (m)	эмкал	[ɛmkɑl]

bisão (m)	бизон	[bɪzɔn]
auroque (m)	була	[bul]
búfalo (m)	гомаш-буга	[gɔmaʃ bug]

zebra (f)	зебр	[zebr]
antílope (m)	антилопа	[ɑntɪlɔp]
corça (f)	лу	[lu]
gamo (m)	шоьккари	[ʃøkkarɪ]
camurça (f)	масар	[masar]
javali (m)	нал	[nal]

baleia (f)	кит	[kɪt]
foca (f)	тюлень	[tᵻlenj]
morsa (f)	морж	[mɔrʒ]
urso-marinho (m)	котик	[kɔtɪk]
golfinho (m)	дельфин	[deljfɪn]

urso (m)	ча	[ʧ]
urso (m) polar	кӏайн ча	[k'ɑjn ʧa]
panda (m)	панда	[pɑnd]

macaco (m)	маймал	[mɑjmal]
chimpanzé (m)	шимпанзе	[ʃɪmpanze]
orangotango (m)	орангутанг	[ɔrangutang]
gorila (m)	горилла	[gɔrɪll]
macaco (m)	макака	[makak]
gibão (m)	гиббон	[gɪbbɔn]

elefante (m)	пийл	[pɪːl]
rinoceronte (m)	мермала	[merma']
girafa (f)	жираф	[ʒɪraf]
hipopótamo (m)	бегемот	[begemɔt]

| canguru (m) | кенгуру | [kenguru] |
| coala (m) | коала | [kɔal] |

mangusto (m)	мангуст	[mangust]
chinchila (f)	шиншилла	[ʃɪnʃɪll]
cangambá (f)	скунс	[skuns]
porco-espinho (m)	дикобраз	[dɪkɔbraz]

89. Animais domésticos

gata (f)	цициг	[tsɪtsɪg]
gato (m) macho	цициг	[tsɪtsɪg]
cavalo (m)	говр	[gɔvr]

| garanhão (m) | айгlар | ['ajɣar] |
| égua (f) | кхела | [qel] |

vaca (f)	етта	[ett]
touro (m)	сту	[stu]
boi (m)	сту	[stu]

ovelha (f)	жий	[ʒɪː]
carneiro (m)	уьстаrl	[ʉstaɣ]
cabra (f)	газа	[gaz]
bode (m)	бож	[bɔʒ]

| burro (m) | вир | [wɪr] |
| mula (f) | бlарза | [b'arz] |

porco (m)	хьакха	[haq]
leitão (m)	хуьрсик	[hʉrsɪk]
coelho (m)	кролик	[krɔlɪk]

| galinha (f) | котам | [kɔtam] |
| galo (m) | боргlал | [bɔrɣal] |

pata (f), pato (m)	бад	[bad]
pato (m)	нlаьна-бад	[n'æn bad]
ganso (m)	гlаз	[ɣaz]

| peru (m) | москал-нlаьна | [mɔskal n'æn] |
| perua (f) | москал-котам | [mɔskal kɔtam] |

animais (m pl) domésticos	цlера дийнаташ	[ts'er dɪːnataʃ]
domesticado (adj)	караlамийна	[kara'amɪːn]
domesticar (vt)	караlамо	[kara'amɔ]
criar (vt)	лело	[lelɔ]

fazenda (f)	ферма	[ferm]
aves (f pl) domésticas	зlакардаьхний	[z'akardæhnɪː]
gado (m)	хьайбанаш	[hajbanaʃ]
rebanho (m), manada (f)	бажа	[baʒ]

estábulo (m)	божал	[bɔʒal]
chiqueiro (m)	хьакхарчийн божал	[haqartʃɪːn bɔʒal]
estábulo (m)	божал	[bɔʒal]
coelheira (f)	кроликийн бун	[krɔlɪkɪːn bun]
galinheiro (m)	котаман бун	[kɔtaman bun]

90. Pássaros

pássaro (m), ave (f)	олхазар	[ɔlhazar]
pombo (m)	кхокха	[qɔq]
pardal (m)	хьоза	[hɔz]
chapim-real (m)	цlирцlирхьоза	[ts'ɪrts'ɪrhɔz]
pega-rabuda (f)	къорза къиг	[q?ɔrz q?ɪg]
corvo (m)	хьаргlа	[harɣ]
gralha-cinzenta (f)	къиг	[q?ɪg]

gralha-de-nuca-cinzenta (f)	жагlжарла	[ʒaɣʒaɣ]
gralha-calva (f)	човка	[tʃɔvk]
pato (m)	бад	[bad]
ganso (m)	гlаз	[ɣaz]
faisão (m)	акха котам	[aq kɔtam]
águia (f)	аьрзу	[ærzu]
açor (m)	куьйра	[kɥjr]
falcão (m)	леча	[letʃ]
abutre (m)	ломъаьрзу	[lɔmʔærzu]
condor (m)	кондор	[kɔndɔr]
cisne (m)	гlургlаз	[ɣurɣaz]
grou (m)	гlапгlули	[ɣarɣulɪ]
cegonha (f)	чlерийдохург	[tʃʼerɪ:dɔhurg]
papagaio (m)	тоти	[tɔtɪ]
beija-flor (m)	колибри	[kɔlɪbrɪ]
pavão (m)	тlаус	[tʼaus]
avestruz (m)	страус	[straus]
garça (f)	чlерийлоьцург	[tʃʼerɪ:løtsurg]
flamingo (m)	фламинго	[flamɪngɔ]
pelicano (m)	пеликан	[pelɪkan]
rouxinol (m)	зарзар	[zarzar]
andorinha (f)	чlерlардиг	[tʃʼeɣardɪg]
tordo-zornal (m)	шоршал	[ʃɔrʃal]
tordo-músico (m)	дека шоршал	[dek ʃɔrʃal]
melro-preto (m)	lаьржа шоршал	[ˈærʒ ʃɔrʃal]
andorinhão (m)	мерцхалдиг	[mertshaldɪg]
cotovia (f)	нlаьвла	[nˈævl]
codorna (f)	лекъ	[leqʔ]
pica-pau (m)	хенакlур	[henakˈur]
cuco (m)	хlуттут	[hˈuttut]
coruja (f)	бухlа	[buhˈ]
bufo-real (m)	соька	[søk]
tetraz-grande (m)	къоракуота	[qʔɔrakuɔt]
tetraz-lira (m)	акха котам	[aq kɔtam]
perdiz-cinzenta (f)	моша	[mɔʃ]
estorninho (m)	алкханч	[alqantʃ]
canário (m)	можа хьоза	[mɔʒ hɔz]
galinha-do-mato (f)	акха котам	[aq kɔtam]
tentilhão (m)	хьуьнан хьоза	[hɥnan hɔz]
dom-fafe (m)	лайн хьоза	[lajn hɔz]
gaivota (f)	чайка	[tʃajk]
albatroz (m)	альбатрос	[aljbatrɔs]
pinguim (m)	пингвин	[pɪngwɪn]

91. Peixes. Animais marinhos

brema (f)	чабакх-ч1ара	[ʧɑbɑq ʧʼɑr]
carpa (f)	карп	[kɑrp]
perca (f)	окунь	[ɔkunj]
siluro (m)	яй	[jɑj]
lúcio (m)	г1азкхийн ч1ара	[ɣɑzqɪːn ʧʼɑr]
salmão (m)	лосось	[lɔsɔsʲ]
esturjão (m)	ц1ен ч1ара	[ts'en ʧʼɑr]
arenque (m)	сельдь	[seljdʲ]
salmão (m) do Atlântico	сёмга	[sʲomg]
cavala, sarda (f)	скумбри	[skumbrɪ]
solha (f), linguado (m)	камбала	[kɑmbɑl]
lúcio perca (m)	судак	[sudɑk]
bacalhau (m)	треска	[tresk]
atum (m)	тунец	[tunets]
truta (f)	бакъ ч1ара	[bɑqʔ ʧʼɑr]
enguia (f)	ж1аьлин ч1ара	[ʒ'ælɪn ʧʼɑr]
raia (f) elétrica	электрически скат	[ɛlektrɪʧeskɪ skɑt]
moreia (f)	мурена	[muren]
piranha (f)	пиранья	[pɪrɑnj]
tubarão (m)	г1оркхма	[ɣɔrqm]
golfinho (m)	дельфин	[deljfɪn]
baleia (f)	кит	[kɪt]
caranguejo (m)	краб	[krɑb]
água-viva (f)	медуза	[meduz]
polvo (m)	барх1когберг	[bɑrh'kɔgberg]
estrela-do-mar (f)	х1ордан седа	[h'ɔrdɑn sed]
ouriço-do-mar (m)	х1ордан зу	[h'ɔrdɑn zu]
cavalo-marinho (m)	х1ордан говр	[h'ɔrdɑn gɔvr]
ostra (f)	устрица	[ustrɪts]
camarão (m)	креветка	[krewetk]
lagosta (f)	омар	[ɔmɑr]
lagosta (f)	лангуст	[lɑngust]

92. Anfíbios. Répteis

cobra (f)	лаьхьа	[læh]
venenoso (adj)	д1аьвше	[d'ævʃ]
víbora (f)	лаьхьа	[læh]
naja (f)	кобра	[kɔbr]
píton (m)	питон	[pɪtɔn]
jiboia (f)	саьрмикъ	[særmɪqʔ]
cobra-de-água (f)	вотангар	[vɔtɑngɑr]

cascavel (f)	шов ден лаьхьа	[ʃov den læh]
anaconda (f)	анаконда	[anakɔnd]
lagarto (m)	моьлкъа	[mølqʔ]
iguana (f)	игуана	[ɪguan]
varano (m)	варан	[varan]
salamandra (f)	саламандра	[salamandr]
camaleão (m)	хамелион	[hamelɪɔn]
escorpião (m)	скорпион	[skɔrpɪɔn]
tartaruga (f)	уьнтӀапхьид	[unt'aphɪd]
rã (f)	пхьид	[phɪd]
sapo (m)	бецан пхьид	[betsan phɪd]
crocodilo (m)	саьрмикъ	[særmɪqʔ]

93. Insetos

inseto (m)	сагалмат	[sagalmat]
borboleta (f)	полла	[pɔll]
formiga (f)	зингат	[zɪngat]
mosca (f)	моза	[mɔz]
mosquito (m)	чуьрк	[ʧurk]
escaravelho (m)	чхьаьвриг	[ʧhævrɪg]
vespa (f)	зӀуга	[z'ug]
abelha (f)	накхармоза	[naqarmɔz]
mamangaba (f)	бумбари	[bumbarɪ]
moscardo (m)	тӀод	[t'ɔd]
aranha (f)	гезг	[gezg]
teia (f) de aranha	гезгмаша	[gezgmaʃ]
libélula (f)	шайтӀанан дин	[ʃajt'anan dɪn]
gafanhoto (m)	цӀаьпцалг	[ts'æptsalg]
traça (f)	полла	[pɔll]
barata (f)	чхьаьвриг	[ʧhævrɪg]
carrapato (m)	веччалг	[weʧalg]
pulga (f)	сагал	[sagal]
borrachudo (m)	пхьажбуург	[phaʒbu'urg]
gafanhoto (m)	цӀоз	[ts'ɔz]
caracol (m)	этмаьиг	[ɛtmæ'ɪg]
grilo (m)	цаьпцалг	[tsæptsalg]
pirilampo, vaga-lume (m)	бумбари	[bumbarɪ]
joaninha (f)	дедо	[dedɔ]
besouro (m)	бумбари	[bumbarɪ]
sanguessuga (f)	цӀубдар	[ts'ubdar]
lagarta (f)	нӀаьвцициг	[n'ævtsɪtsɪg]
minhoca (f)	нӀаьна	[n'æn]
larva (f)	нӀаьна	[n'æn]

FLORA

94. Árvores

árvore (f)	дитт	[dɪtt]
decídua (adj)	гӀаш долу	[ɣaʃ dolu]
conífera (adj)	баганан	[baganan]
perene (adj)	гуттар сийна	[guttar sɪ:n]
macieira (f)	Ӏаж	[ˈaʒ]
pereira (f)	кхор	[qɔr]
cerejeira, ginjeira (f)	балл	[ball]
ameixeira (f)	хьач	[hatʃ]
bétula (f)	дакх	[daq]
carvalho (m)	наж	[naʒ]
tília (f)	хьех	[heh]
choupo-tremedor (m)	мах	[mah]
bordo (m)	къахк	[qʔahk]
espruce (m)	база	[baz]
pinheiro (m)	зез	[zez]
alerce, lariço (m)	бага	[bag]
abeto (m)	пихта	[pɪht]
cedro (m)	кедр	[kedr]
choupo, álamo (m)	талл	[tall]
tamazeira (f)	датта	[datt]
salgueiro (m)	дак	[dak]
amieiro (m)	маъ	[maʔ]
faia (f)	поп	[pɔp]
ulmeiro, olmo (m)	муьшдечиг	[muʃdetʃɪg]
freixo (m)	къахьашту	[qʔahaʃtu]
castanheiro (m)	каштан	[kaʃtan]
magnólia (f)	магноли	[magnɔlɪ]
palmeira (f)	пальма	[paljm]
cipreste (m)	кипарис	[kɪparɪs]
mangue (m)	мангрови дитт	[mangrɔwɪ dɪtt]
embondeiro, baobá (m)	баобаб	[baobab]
eucalipto (m)	эквалипт	[ɛkvalɪpt]
sequoia (f)	секвойя	[sekvɔj]

95. Arbustos

arbusto (m)	колл	[kɔll]
arbusto (m), moita (f)	колл	[kɔll]

93

videira (f)	кемсаш	[kemsaʃ]
vinhedo (m)	кемсийн беш	[kemsɪːn beʃ]
framboeseira (f)	цlен комар	[ts'en kɔmar]
groselheira-vermelha (f)	цlен кхезарш	[ts'en qezarʃ]
groselheira (f) espinhosa	кlудалгаш	[k'udalgaʃ]
acácia (f)	акаци	[akatsɪ]
bérberis (f)	муьстарг	[mʉstarg]
jasmim (m)	жасмин	[ʒasmɪn]
junípero (m)	жlолам	[ʒ'ɔlam]
roseira (f)	розанийн кол	[rɔzanɪːn kɔl]
roseira (f) brava	хьармак	[harmak]

96. Frutos. Bagas

fruta (f)	стом	[stɔm]
frutas (f pl)	стоьмаш	[stømaʃ]
maçã (f)	lаж	['aʒ]
pera (f)	кхор	[qɔr]
ameixa (f)	хьач	[hatʃ]
morango (m)	цlазам	[ts'azam]
ginja, cereja (f)	балл	[ball]
uva (f)	кемсаш	[kemsaʃ]
framboesa (f)	цlен комар	[ts'en kɔmar]
groselha (f) negra	lаьржа кхезарш	['ærʒ qezarʃ]
groselha (f) vermelha	цlен кхезарш	[ts'en qezarʃ]
groselha (f) espinhosa	кlудалгаш	[k'udalgaʃ]
oxicoco (m)	клюква	[klʉkv]
laranja (f)	апельсин	[apeljsɪn]
tangerina (f)	мандарин	[mandarɪn]
abacaxi (m)	ананас	[ananas]
banana (f)	банан	[banan]
tâmara (f)	хурма	[hurm]
limão (m)	лимон	[lɪmɔn]
damasco (m)	туьрк	[tʉrk]
pêssego (m)	гlаммагlа	[ɣammaɣ]
quiuí (m)	киви	[kɪwɪ]
toranja (f)	грейпфрут	[grejpfrut]
baga (f)	цlазам	[ts'azam]
bagas (f pl)	цlазамаш	[ts'azamaʃ]
arando (m) vermelho	брусника	[brusnɪk]
morango-silvestre (m)	пхьагал-цlазам	[phagal ts'azam]
mirtilo (m)	lаьржа балл	['ærʒ ball]

97. Flores. Plantas

flor (f)	зезеаг	[zezeag]
buquê (m) de flores	курс	[kurs]
rosa (f)	роза	[rɔz]
tulipa (f)	алцлензlам	['alʦ'enz'am]
cravo (m)	гвоздика	[gvɔzdɪk]
gladíolo (m)	гладиолус	[gladɪɔlus]
centáurea (f)	сендарг	[sendarg]
campainha (f)	тухтати	[tuhtatɪ]
dente-de-leão (m)	баппа	[bapp]
camomila (f)	кlайдарг	[k'ajdarg]
aloé (m)	алоэ	[alɔɛ]
cacto (m)	кактус	[kaktus]
fícus (m)	фикус	[fɪkus]
lírio (m)	лили	[lɪlɪ]
gerânio (m)	герань	[geranj]
jacinto (m)	гиацинт	[gɪɑʦɪnt]
mimosa (f)	мимоза	[mɪmɔz]
narciso (m)	нарцисс	[narʦɪss]
capuchinha (f)	настурция	[nasturʦɪ]
orquídea (f)	орхидей	[ɔrhɪdej]
peônia (f)	цlен лерг	[ʦ'en lerg]
violeta (f)	тобалкх	[tɔbalq]
amor-perfeito (m)	анютийн бlаьргаш	['anʉtɪːn b'ærgaʃ]
não-me-esqueças (m)	незабудка	[nezabudk]
margarida (f)	маргаритка	[margarɪtk]
papoula (f)	петlамат	[pet'amat]
cânhamo (m)	кlомал	[k'ɔmal]
hortelã, menta (f)	lаждарбуц	['aʒdarbuʦ]
lírio-do-vale (m)	чlерlардиган кla	[ʧ'eɣardɪgan k'a]
campânula-branca (f)	лайн зезаг	[lajn zezag]
urtiga (f)	нитташ	[nɪttaʃ]
azedinha (f)	муьстарг	[mʉstarg]
nenúfar (m)	кувшинка	[kuvʃɪnk]
samambaia (f)	чураш	[ʧuraʃ]
líquen (m)	корсам	[kɔrsam]
estufa (f)	оранжерей	[ɔranʒerej]
gramado (m)	бешмайда	[beʃmajd]
canteiro (m) de flores	хас	[has]
planta (f)	орамат	[ɔramat]
grama (f)	буц	[buʦ]
folha (f) de grama	бецан хелиг	[beʦan helɪg]

folha (f)	rla	[ɣɑ]
pétala (f)	жаз	[ʒɑz]
talo (m)	гlодам	[ɣɔdam]
tubérculo (m)	орамстом	[ɔramstɔm]

| broto, rebento (m) | зlийдиг | [z'ɪːdɪg] |
| espinho (m) | кlохцал | [k'ɔhtsal] |

florescer (vi)	заза даккха	[zaz dakq]
murchar (vi)	маргlалдола	[marɣaldɔl]
cheiro (m)	хьожа	[hɔʒ]
cortar (flores)	дlахадо	[d'ahadɔ]
colher (uma flor)	схьадаккха	[shadakq]

98. Cereais, grãos

grão (m)	буьртиг	[bʉrtɪg]
cereais (plantas)	буьртиган ораматаш	[bʉrtɪgan ɔramataʃ]
espiga (f)	кан	[kan]

trigo (m)	кlа	[k'a]
centeio (m)	божан	[bɔʒan]
aveia (f)	сула	[sul]
painço (m)	борц	[bɔrts]
cevada (f)	мукх	[muq]

milho (m)	хьаьжкlа	[hæʒk']
arroz (m)	дуга	[dug]
trigo-sarraceno (m)	цlен дуга	[ts'en dug]

ervilha (f)	кхоьш	[qøʃ]
feijão (m) roxo	кхоь	[qø]
soja (f)	кхоь	[qø]
lentilha (f)	хьоьзийн кхоьш	[høzɪːn qøʃ]
feijão (m)	кхоьш	[qøʃ]

PAÍSES DO MUNDO

99. Países. Parte 1

Afeganistão (m)	Афганистан	[afgɑnɪstɑn]
África (f) do Sul	ЮАР	[juɑr]
Albânia (f)	Албани	[ɑlbɑnɪ]
Alemanha (f)	Германи	[germɑnɪ]
Arábia (f) Saudita	Саудовски Арави	[sɑudɔvskɪ ɑrɑwɪ]
Argentina (f)	Аргентина	[ɑrgentɪn]
Armênia (f)	Армени	[ɑrmenɪ]
Austrália (f)	Австрали	[ɑvstrɑlɪ]
Áustria (f)	Австри	[ɑvstrɪ]
Azerbaijão (m)	Азербайджан	[ɑzerbɑjdʒɑn]
Bahamas (f pl)	Багамахойн гӏайренаш	[bɑgɑmɑhojn ɣɑjrenɑʃ]
Bangladesh (m)	Бангладеш	[bɑnglɑdeʃ]
Bélgica (f)	Бельги	[beljgɪ]
Belarus	Беларусь	[belɑrusʲ]
Bolívia (f)	Боливи	[bɔlɪwɪ]
Bósnia e Herzegovina (f)	Босни е Герцоговина е	[bɔsnɪ e gertsɔgɔwɪnə 2e]
Brasil (m)	Бразили	[brɑzɪlɪ]
Bulgária (f)	Болгари	[bɔlgɑrɪ]
Camboja (f)	Камбоджа	[kɑmbɔdʒ]
Canadá (m)	Канада	[kɑnɑd]
Cazaquistão (m)	Казахстан	[kɑzɑhstɑn]
Chile (m)	Чили	[tʃɪlɪ]
China (f)	Китай	[kɪtɑj]
Chipre (m)	Кипр	[kɪpr]
Colômbia (f)	Колумби	[kɔlumbɪ]
Coreia (f) do Norte	Къилбаседера Корея	[qʔɪlbɑseder kɔrej]
Coreia (f) do Sul	Къилбера Корея	[qʔɪlber kɔrej]
Croácia (f)	Хорвати	[hɔrvɑtɪ]
Cuba (f)	Куба	[kub]
Dinamarca (f)	Дани	[dɑnɪ]
Egito (m)	Мисар	[mɪsɑr]
Emirados Árabes Unidos	Цхьаьнакхеттачу Iаьрбийн Эмираташ	[tshænɑqettɑtʃu ʼærbɪːn ɛmɪrɑtɑʃ]
Equador (m)	Эквадор	[ɛkvɑdɔr]
Escócia (f)	Шотланди	[ʃɔtlɑndɪ]
Eslováquia (f)	Словаки	[slɔvɑkɪ]
Eslovênia (f)	Словени	[slɔwenɪ]
Espanha (f)	Испани	[ɪspɑnɪ]
Estados Unidos da América	Америкин Цхьаьнакхетта Штаташ	[ɑmerɪkɪn tshænɑqett ʃtɑtɑʃ]
Estônia (f)	Эстони	[ɛstɔnɪ]

Finlândia (f)	Финлянди	[fɪnljandɪ]
França (f)	Франци	[franʦɪ]

100. Países. Parte 2

Gana (f)	Гана	[gan]
Geórgia (f)	Грузи	[gruzɪ]
Grã-Bretanha (f)	Великобритани	[welɪkɔbrɪtanɪ]
Grécia (f)	Греци	[greʦɪ]
Haiti (m)	Гаити	[gaɪtɪ]
Hungria (f)	Венгри	[wengrɪ]
Índia (f)	Инди	[ɪndɪ]

Indonésia (f)	Индонези	[ɪndɔnezɪ]
Inglaterra (f)	Ингалс	[ɪngals]
Irã (m)	Иран	[ɪran]
Iraque (m)	Ирак	[ɪrak]
Irlanda (f)	Ирланди	[ɪrlandɪ]
Islândia (f)	Исланди	[ɪslandɪ]
Israel (m)	Израиль	[ɪzraɪlj]

Itália (f)	Итали	[ɪtalɪ]
Jamaica (f)	Ямайка	[jamajk]
Japão (m)	Япони	[japɔnɪ]
Jordânia (f)	Иордани	[ɪɔrdanɪ]
Kuwait (m)	Кувейт	[kuvejt]

Laos (m)	Лаос	[laɔs]
Letônia (f)	Латви	[latwɪ]

Líbano (m)	Ливан	[lɪvan]
Líbia (f)	Ливи	[lɪwɪ]
Liechtenstein (m)	Лихтенштейн	[lɪhtenʃtejn]
Lituânia (f)	Литва	[lɪtv]
Luxemburgo (m)	Люксембург	[lʉksemburg]

Macedônia (f)	Македони	[makedɔnɪ]
Madagascar (m)	Мадагаскар	[madagaskar]

Malásia (f)	Малази	[malazɪ]
Malta (f)	Мальта	[maljt]
Marrocos	Марокко	[marɔkkɔ]
México (m)	Мексика	[meksɪk]
Birmânia (f)	Мьянма	[mjanm]

Moldávia (f)	Молдова	[mɔldɔv]
Mônaco (m)	Монако	[mɔnakɔ]

Mongólia (f)	Монголи	[mɔngɔlɪ]
Montenegro (m)	Черногори	[ʧernɔgɔrɪ]
Namíbia (f)	Намиби	[namɪbɪ]
Nepal (m)	Непал	[nepal]
Noruega (f)	Норвеги	[nɔrwegɪ]
Nova Zelândia (f)	Керла Зеланди	[kerl zelandɪ]

101. Países. Parte 3

Português	Checheno	Transcrição
Países Baixos (m pl)	Нидерланды	[nɪderlandɪ]
Palestina (f)	Палестина	[palestɪn]
Panamá (m)	Панама	[panam]
Paquistão (m)	Пакистан	[pakɪstan]
Paraguai (m)	Парагвай	[paragvaj]
Peru (m)	Перу	[peru]
Polinésia (f) Francesa	Французийн Полинези	[frantsuzɪːn polɪnezɪ]
Polônia (f)	Польша	[poljʃ]
Portugal (m)	Португали	[portugalɪ]
Quênia (f)	Кени	[kenɪ]
Quirguistão (m)	Кыргызстан	[kɪrgɪzstan]
República (f) Checa	Чехи	[tʃehɪ]
República Dominicana	Доминиканхойн республика	[dɔmɪnɪkanhojn respublɪk]
Romênia (f)	Румыни	[rumɪnɪ]
Rússia (f)	Росси	[rɔssɪ]
Senegal (m)	Сенегал	[senegal]
Sérvia (f)	Серби	[serbɪ]
Síria (f)	Сири	[sɪrɪ]
Suécia (f)	Швеци	[ʃwetsɪ]
Suíça (f)	Швейцари	[ʃwejtsarɪ]
Suriname (m)	Суринам	[surɪnam]
Tailândia (f)	Таиланд	[taɪland]
Taiwan (m)	Тайвань	[tajvanj]
Tajiquistão (m)	Таджикистан	[tadʒɪkɪstan]
Tanzânia (f)	Танзани	[tanzanɪ]
Tasmânia (f)	Тасмани	[tasmanɪ]
Tunísia (f)	Тунис	[tunɪs]
Turquemenistão (m)	Туркменистан	[turkmenɪstan]
Turquia (f)	Турци	[turtsɪ]
Ucrânia (f)	Украина	[ukraɪn]
Uruguai (m)	Уругвай	[urugvaj]
Uzbequistão (f)	Узбекистан	[uzbekɪstan]
Vaticano (m)	Ватикан	[vatɪkan]
Venezuela (f)	Венесуэла	[wenesuɛl]
Vietnã (m)	Вьетнам	[vjetnam]
Zanzibar (m)	Занзибар	[zanzɪbar]

www.ingramcontent.com/pod-product-compliance
Lightning Source LLC
Chambersburg PA
CBHW060033050426
42448CB00012B/2991